Success with New HSK (Level 6)

跨越新HSK（六级）

阅读专项训练

李增吉 主编

李增吉　冯增娥

陈　岸　李　辉　编

reading

北京语言大学出版社
BEIJING LANGUAGE AND CULTURE UNIVERSITY PRESS

中央广播电视大学音像出版社
MULTIMEDIA PRESS, OPEN UNIVERSITY OF CHINA

图书在版编目（CIP）数据

跨越新HSK（六级）阅读专项训练 / 李增吉主编. —— 北京 ：北京语言大学出版社，2012重印

（跨越新HSK）

ISBN 978-7-5619-3007-6

Ⅰ. ①跨… Ⅱ. ①李… Ⅲ. ①汉语－阅读教学－对外汉语教学－水平考试－自学参考资料 Ⅳ. ①H195.4

中国版本图书馆CIP数据核字(2011)第070852号

书　　名：**跨越新HSK（六级）阅读专项训练**
责任印制：姜正周

出版发行：北京语言大学出版社
社　　址：北京市海淀区学院路15号　　邮政编码：100083
网　　址：www.blcup.com
电　　话：发行部　82303650/3591/3648
编辑部　82301016
读者服务部　82303653/3908
网上订购电话　82303668
客户服务信箱　service@blcup.net
印　　刷：北京画中画印刷有限公司
经　　销：全国新华书店

版　　次：2011年5月第1版　2012年5月第2次印刷
开　　本：889毫米×1194毫米　1/16　印张：12.5
字　　数：233千字
书　　号：ISBN 978-7-5619-3007-6/H·11046
定　　价：42.00元

前言

新 HSK 是国家汉办组织中外汉语教学、语言学、心理学和教育测量学等领域的专家，充分调查、了解海外汉语教学的实际情况，考虑了普通汉语学习者和专业汉语学习者、来华汉语学习者和非来华汉语学习者的差异，在吸取原有 HSK 的优点、借鉴近年来国际语言测试研究最新成果的基础上，以《国际汉语能力标准》为依据，推出的一项国际汉语能力标准化考试。它重点考查汉语非第一语言的考生在生活、学习和工作中运用汉语进行交际的能力。

新 HSK（六级）的题型、题量及考试时间如下表：

<table>
<tr><th colspan="2">题　　型</th><th>题量</th><th>考试时间</th></tr>
<tr><td rowspan="3">听力</td><td>第一部分：听一小段话</td><td>15 题</td><td rowspan="3">约 35 分钟</td></tr>
<tr><td>第二部分：听长对话</td><td>15 题</td></tr>
<tr><td>第三部分：听短文</td><td>20 题</td></tr>
<tr><td rowspan="4">阅读</td><td>第一部分：从四个句子中挑出一个病句</td><td>10 题</td><td rowspan="4">50 分钟</td></tr>
<tr><td>第二部分：选词填空</td><td>10 题</td></tr>
<tr><td>第三部分：选句填空（两篇短文）</td><td>10 题</td></tr>
<tr><td>第四部分：短文理解（若干篇短文）</td><td>20 题</td></tr>
<tr><td>书写</td><td>把 1000 字左右的叙事文章缩写成一篇 400 字左右的短文</td><td>1 题</td><td>45 分钟</td></tr>
</table>

本书是阅读部分的专项训练，共十二套试题。

我们之所以编写这本专项训练，是想让考生通过本书的学习，能具体了解新 HSK（六级）考试中阅读部分的题型、考试时间及考查重点，以便调整心态，合理分配做题时间，掌握一定的答题技巧，迅速提高这方面的应试能力。

在编写本书前，我们认真研究了国家汉办/孔子学院总部编写的新 HSK（六级）大纲、样题和词汇表，并对样题中的超纲词语进行了统计，从而更好地掌握了试题的难易度，使模拟试题更贴近真题。在编写过程中，我们对试题进行了多次试用，精心作了筛选，确定出了难点。

为帮助考生准确地理解考查重点，掌握答题技巧及思路，我们在提供完整的参考答案的基础上，还特别针对第一、二部分试题作了一个答案详解。

本书采用的语料大都选自报刊，我们根据试题的特点，对所选语料进行了改写。在此，谨对原文作者表示由衷的感谢。

编　者

2011 年 1 月

目录

新汉语水平考试

HSK（六级）

阅读专项训练

（一）

阅读

第一部分

第51–60题：请选出有语病的一项。

51. **A** 春节是中国人最重要的传统节日，同时也是最富文化内涵的节日。
B 我们在享受畅快驾乘的乐趣的同时，不要忘记节约能源和保护环境。
C 如果公共交通能像私家车一样便捷，大家又花那么多钱何必买车呢？
D 科学研究表明，工业化产生的温室气体——二氧化碳的排放，导致全球升温。

52. **A** 日本是世界上老龄化最快的国家之一，也是老人生活的国度之一。
B《红楼梦》以其规模宏大的建构表达了中国人的文化心理与人生命题。
C 我有幸当选世博会的志愿者宣传大使，感到很光荣，也感到责任重大。
D 随着“80后”逐渐步入结婚高峰期，越来越多的情侣将“终身大事”排上了日程。

53. **A** 高考成绩公布那天，天空很晴朗，万里无云，一丝风也没有。
B 每个人在自己多变的一生中，都曾有一些值得骄傲和深思的往事。
C 等我们参观完了，日已西下，我们怀了依依不舍的心情登上返程的汽车。
D 母爱，一个古老而永恒的话题，对这种无私、深沉而伟大的爱，古往今来，人们赞颂不已。

54. **A** 他是我在中国遇到的第一位老师，我永远也不会忘记他。
B 这里是一片美丽的青翠竹林，它们将整座山包围了起来。
C 从我记事时，我多次在月光下，聆听父母给我讲关于月亮的故事。
D 在乡下的日子真好，我不仅学会了划船、游泳，而且还领略了乡间风光，体味到了乡间无限的乐趣。

55. **A** 我这条命是大夫给的，要不是大夫抢救及时，我早完了。
B 留学生的作文很难修改，不过，修改时也觉得特别有意思。
C 这个超市的商品种类齐全，基本上能满足附近居民日常生活的需要。
D 这位作者的文学功底很强，愿他今后在文学之路越走越远，越走越宽。

56. **A** 下了一夜雪，打开窗户一看，眼前是一片白茫茫的世界。

B 天上不会掉馅饼，要创造幸福生活，只能依赖自己的双手。

C 他上要养活父母，下要养育一双儿女，所以家庭负担很重。

D 原来我打算在中国学习一年，现在觉得一年的时间太短了，想再延长一年。

57. **A** 我来中国留学的收获不仅是学会汉语，还交了许多朋友们。

B 中国由五十六个民族组成，人口最多的是汉族，少数民族有五十五个。

C “瑞雪兆丰年”的意思是说，只要冬天下几场雪，庄稼就一定会有好收成。

D 泰山日出是一幅壮丽的图画，当人们看到一轮红日在云海中冉冉升起时，无不为眼前的美景所陶醉。

58. **A** 她刚来中国，生活还不习惯，语言又不通，想家也难怪。

B 长城和故宫每天都要接待成千上万来自世界各地的观光客。

C 常言说：家和万事兴。一家人和和蔼蔼的，就是幸福美满的生活。

D 由于他对社会有着深刻的观察力，所以他的作品对人物的刻画非常真实生动。

59. **A** 我不懂做生意，看看书、写写论文还可以，因为我只感兴趣汉语语法研究。

B 应广大观众的要求，这部电视剧将在下周一同一时间重播，欢迎到时收看。

C 不能因为考试就开夜车，要注意休息，如果过度疲劳的话，也不会取得好成绩。

D 公司的发展现在遇到一些困难，但是应该看到，我们开发的是高科技产品，市场前景是非常光明的。

60. **A** 因为情况发生得突然，这是很急忙做出的决定，所以难免考虑不周。

B 她从小就梦想当个飞行员，现在这个愿望终于实现了，她能不高兴吗？

C 每次看到这张照片，我就会想起在北京和朋友们一起欢欢喜喜过春节的情景。

D 我们两国人民之间的援助是相互的，我们援助了你们，同样你们也援助了我们。

第二部分

第61–70题：选词填空。

61. 目前大多数手机使用者对手机辐射的了解还很不______，而越来越多的科学研究却______，手机辐射所带来的______远比想象中更为可怕。

A 完全　据说　困境　　B 一切　表示　险情
C 全面　表明　危害　　D 整体　证明　压力

62. 孔子作为一个学者，他不会对普通老百姓______宣讲仁义道德，而只是告诉他们怎样______自己的权益，这也是孔子非常______的地方。

A 大力　维护　了不起　　B 极力　维修　恨不得
C 拼命　爱好　不简单　　D 隆重　坚持　对不起

63. ______中国汽车市场的发展，消费者的理性消费理念正趋于成熟，______汽车产品的品质，如安全、环保、节能等方面的性能越来越______。

A 作为　关于　重视　　B 随着　对于　看重
C 通过　至于　宠爱　　D 特别　况且　兴起

64. ______饮料中含有糖和蛋白质，又______了不少香精和色素，饮用后不易使人______饥饿感。因此用饮料代替饮用水，不但起不到给身体"补水"的作用，还会______食欲，影响消化和吸收。

A 由于　添加　产生　降低　　B 因为　增加　出现　轻视
C 在于　加入　生产　减少　　D 关于　补充　造成　降下

65. 专家______大家对绿叶蔬菜应该现买现吃，______不要吃加热后的剩菜，剩菜（尤其是韭菜等绿叶蔬菜）存放过久会产生大量亚硝酸盐，______表面上看起来没坏，闻起来也没有什么异味，也能使人产生轻微的食物中毒，______体弱和敏感者。

A 议论　一直　如果　特别是　　B 意见　几乎　不仅　好容易
C 提议　简直　虽然　甚至于　　D 建议　最好　即使　尤其是

66. 饮水机如果长时间不清洗、不消毒，机内会______大量细菌和病毒，______对人体造成危害。即使换上的是新水，水质当天也会被污染，微生物数量更会______增加。______，这是一个很大的卫生隐患。

A 产生　轻易　迅速　结果　　B 繁殖　容易　急剧　可见
C 生长　简单　突然　所以　　D 生育　明显　剧烈　无疑

67. 玖玲______就不懂烹饪，今天却跟我大谈各种美味，并且还______下厨给我做了几道“拿手”菜，那盘烧糊了的飘香牛排，虽没能______我的胃口，却______了我的心。

A 根本　亲自　征服　打动　　B 再三　亲手　满足　感动
C 简直　亲口　满意　兴奋　　D 刚刚　亲眼　说服　振奋

68. 三月春光明媚，人们纷纷走到户外，______春风和阳光的抚摸。晒着温暖的阳光，冬日的寒意______，连心情也变得异常灿烂。一年之计在于春，来晒太阳吧，______一个快乐的好心情，对健康也会大有______呢。

A 满足　一怒而去　有请　益处　　B 享受　一扫而光　拥有　好处
C 满意　一干二净　获得　帮助　　D 取得　一鸣惊人　争取　利益

69. 成功是每个人都______的事情，______怎样才能获得成功呢？我认为获得成功______许多条件，______自信是______的条件之一。

A 期盼　可是　需求　中间　不可思议
B 渴望　但是　满足　范围　不计其数
C 向往　然而　需要　其中　必不可少
D 希望　固然　必须　周围　不好意思

70. 说到鞋子，每个女人对它都有着______的偏爱。同时女人们也经常______鞋子越来越多，鞋柜越来越小，其实每天穿的就那么______的两三双，其他的______压箱底了，淘汰却又舍不得。有什么办法能让这些旧鞋变废为宝呢？

A 差异　清楚　便宜　立马　　B 相同　觉得　新式　顿时
C 特别　认识　合适　已经　　D 特殊　感到　固定　早就

第三部分

第71–80题：选句填空。

71–75.

据呼吸科专家统计，城市中一半以上的人呼吸方式不正确。短浅的呼吸不仅让许多人大脑缺氧，(71)________，而且还容易诱发多种疾病。

肺是人体内外气体交换的器官，虽然体积不大，但肺泡壁面积约有70平方米。很多人因呼吸太短促，空气不能深入肺叶下端，(72)________，所以，大多数人一生中只使用了肺的1/3。

现代人由于常坐办公室，缺少运动，仅用胸式呼吸，呼吸又浅又短，在正常呼吸频率下换气不足，会使体内的二氧化碳积累，(73)________，出现头晕、乏力等症状。专家呼吁，为了更好地发挥呼吸器官的潜力，人们应该有意识地加深呼吸。

首先，深呼吸能防止呼吸系统疾病，包括慢性支气管炎、哮喘、肺气肿等。这些病人的肺部都处于无弹性和扩张状态，影响肺活量。而经常进行深呼吸，能逐步增大肌肉收缩力，有利于胸、肺的有效扩张，增强肋间肌活力，可以逐步恢复其弹性，增加肺活量，从而达到治疗和缓解病情的目的。其次，(74)________，缓解失眠症状。最重要的是，深呼吸能促进健康长寿。一位学者曾指出："有控制的深呼吸练习，可使大脑尽快消除疲劳，可以调节神经系统，使人轻松舒畅。深呼吸之所以有这样大的作用，是因为人在通常情况下每次吸进与呼出的气体量只有400毫升到500毫升，而做一次最深的呼吸，男性可达到3500毫升，女性可达到2500毫升，(75)________，从而使生命获得大量的能源。"

A 容易疲倦
B 导致换气量小
C 导致脑部缺氧
D 相当于通常吸气量的8倍
E 深呼吸能帮助人们减压

76–80.

有两个年近80岁的老人，在夕阳下散步时，偶然相遇了。他们一个是在商海中打拼了一辈子的巨商，另一个虽然不是巨商，但也是个富翁，只不过他的钱不是靠自己挣来的，而是父辈留下的遗产。

因为闲着没事，两个老人便开始闲谈起来。他们几乎同时发出了感叹，到了这个年纪，就是有再多的钱，也不过是一串数字而已，钱对他们来说，(76)A__________。现在两位老人一致的观点是：人生最大的意义是，(77)C________，都能够享受到！

当谈到享受快乐时，富翁一脸满足地对巨商说："虽然我们都是有钱人，也都尝尽了人间的快乐；可是，同样的快乐，你却付出了一生的辛劳，而我(78)B________！"

巨商摇了摇头，说："你说的可不全对，有一样快乐，我享受到了，你却没有！"富翁不服气地说："不可能，在这个世界上，锦衣玉食，豪宅名车，我哪样比你享受得少？你能享受到的快乐，我肯定都享受到了，(79)E________！"

巨商笑了笑，反问道："(80)D________，你享受到了吗？"见富翁不吭声了，巨商接着说："在精致的玻璃缸里游来游去的金鱼，虽然悠然自得，但这种快乐它永远也享受不到！"

十

A 早已失去了意义

B 毫不费力便拥有了

C 应该享受到的快乐

D 战胜风浪后的快乐

E 因为我的钱并不比你少

第四部分

第 81–100 题：请选出正确答案。

81–84.

年前，秘书小谷神秘地告诉大家："老板说了，今年会给大家一份惊喜的年终奖！"

我们顿时热血沸腾，干劲十足，大家私下也议论纷纷：

"老板会给咱们多大的惊喜呢？"

"我们老板不愧是位儒商，这么懂得体恤员工……"

自从消息传开以后，我们公司的业绩一路上升，创下了好几项年度新高。老板也高兴得合不拢嘴。几位心急的职员想方设法向他打探年终奖的内容，老板总是摆摆手，卖着关子："既然是惊喜，当然要留到最后才会激动人心，大家努力工作吧……"

终于，公司马上就要放假了。在假前的员工聚餐晚会上，大家都惦记着那份惊喜，吃得索然无味，都把目光投向老板，一刻不离。

一直等到最后，老板终于手持话筒跃上了舞台，台下顿时掌声雷动。老板从公文包里掏出一大沓红包，我们都翘首以待，随时准备去接那份沉甸甸的惊喜年终奖。老板抑扬顿挫地揭开了那份惊喜："这红包里就是今年的年终奖，每份里面都有一张彩票，明天开奖，头奖 500 万呢！请大家注意兑奖……"大家的心顿时凉了半截。

81. 公司的业绩为什么会一路上升，创下好几项年度新高？

A 老板体恤员工　　**B** 老板非常能干

C 好消息的鼓励　　**D** 秘书帮助老板

82. 全体员工聚餐时，大家为什么吃得索然无味？

A 饭店的厨艺差　　**B** 饭菜档次太低

C 心思不在吃饭上　　**D** 希望早点儿回家

83. 大家的目光为什么都投向老板，一刻不离开？

A 关心老板的身体　　**B** 老板穿了新衣服

C 盼老板兑现承诺　　**D** 想让老板来敬酒

84. 大家对老板的年终奖感觉怎样？

A 欣喜若狂　　**B** 惊喜万分

C 大失所望　　**D** 感激老板

85–88.

人在自然中生存，性格和情绪不可能不受自然气候的制约，所以不同气候区域的人就有不同的性格。

中国幅员辽阔，气候复杂。南方多雨水，空气潮湿，温和、湿润的气候有利于人放松精神，因此南方人多具理想色彩，头脑冷静，不易冲动，且感情细腻，对外界变化敏感。而北方冬季漫长，空气干燥，多风沙，导致北方人喜喝烈酒，容易急躁，性格开朗直爽，动作粗犷，敢说敢做。

就世界范围来看，生活在热带地区的人，在室外活动的时间较多，因而性情也容易像忽高忽低的气温一样，喜怒无常。相反，居住在寒冷地带的人，由于室外活动不多，大部分时间都在一个不太大的空间里与别人朝夕相处，常常养成了能控制自己情绪、具有较强的耐心和忍耐力的性格。一般生活在海滨的人，由于气候湿润，风景秀丽，所以对周围事物敏感，性格上往往多愁善感，做事机智敏捷。居住在山区的人，由于山高地广，人烟稀少，所以声音洪亮，性格诚实直爽。

不仅宏观气候影响人的性格，一些气候因素也常常会使人的性情发生变化。研究表明，当气温升高时，人容易兴奋，因而攻击行为和暴力犯罪也会随之增加；相反，在天气阴沉、阴雨霏霏的天气里，人的情绪容易低落，犯罪率也相对较低。气压降低，常常使人焦躁不安，自虐行为和自杀事件也相对较多。

85. 下面哪一项是南方人的性格？

A 胆大　**B** 细致　**C** 爱冲动　**D** 爱着急

86. 居住在哪个地方的人性情容易变化？

A 热带　**B** 山区　**C** 寒带　**D** 海滨

87. 人的情绪在什么时候容易兴奋？

A 连续下雨时　**B** 气压降低时

C 气温升高时　**D** 天气阴沉时

88. 这篇文章主要想谈论什么？

A 不同地区的天气　**B** 各种不同的性格

C 气候对性格的影响　**D** 各地区人的性格特点

89–92.

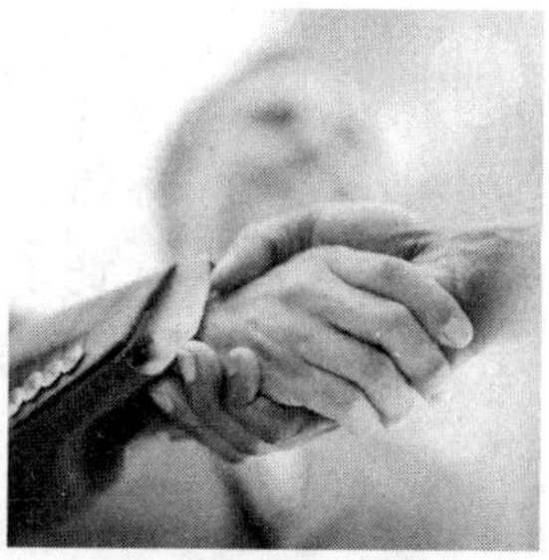

那年，我三十出头，在省电视台做记者。有一段时间，几次重大的采访任务我都完成得很出色。领导看重，同事夸奖，一切都是那么顺利。年轻气盛的我，不禁有些洋洋自得。

一次，我去采访国内一位赫赫有名的经济学家。虽然此前我也采访过不少名人，但少有这样“重量级”的人物，因此多少有些紧张。好在那位经济学家很配合，差不多是有问必答，脸上始终带着和蔼的笑容。采访结束后，我心想：这次采访说不定会成为我记者生涯中的经典之作呢。

采访结束后，按照惯例，我和这位经济学家握手，表示感谢。他也和我们的工作人员一一握手，嘴里道着“辛苦了”。忽然，他停了下来，问我：“刚才那个给我们倒水的小伙子呢？”

我知道他说的是小张。小张大学刚毕业，在台里实习，这次采访缺人手，我就把他带来了，给我们打打下手。

“他可能是上洗手间了。”

“那我等他回来吧。”

“您……找他有事吗？”我不禁有些疑惑。

“没事，就是要当面对他表示感谢。刚才他端茶倒水很辛苦。”

我们足足等了十分钟，小张才回来。这期间我留心观察了一下经济学家的表情，发现他一点儿也不着急，好像是一位老人在等待上班的儿子回家。

小张回来了，得知我们都在等他，不禁有些惶恐：“我刚才给女朋友打了个电话……聊了一会儿……那个……让您久等了！”

经济学家上前和他握手，说道：“刚才辛苦了！”小张激动得满脸通红，一句话也说不出来。

我的心里一阵暖流涌过，所有的疑惑都烟消云散。我明白了什么是尊重。

此后，我自己改变了许多，朋友们也都说我比以前可爱多了。

89. “我”当记者时，为什么会有些洋洋自得？

A 工作得到了别人的肯定 **B** 采访了有名的经济学家

C 当上了省电视台的记者 **D** 具有年轻体壮的好条件

90. “我”对经济学家要等小张回来，感到怎么样？

A 很理解 **B** 很生气 **C** 很激动 **D** 不理解

91. 朋友们为什么都说“我”比以前可爱多了？

A 工作更勤奋了 **B** 更加尊重他人

C 懂得经济常识 **D** 学会跟人沟通

92. 本文中的“打下手”是什么意思？

A 做助手 **B** 做秘书 **C** 做顾问 **D** 做司机

93–96.

看过一个故事：一个年轻人到一家公司应聘某高级职位。凭着实力，他一路过关斩将，从几百名应聘者中脱颖而出。后来秘书告诉他，总裁决定聘用他，让他等候召见。年轻人欣喜若狂，想马上将这个喜讯告诉远在异国的女友。就在他拿起手机准备拨号时，忽然看到了桌上的电话。他犹豫了一下儿，看到办公室里只有自己一个人，想到越洋电话的高额费用，于是一把抓起了桌上的电话。

他的这一举动被总裁从监视器里看得清清楚楚，一分钟的欲望，让他栽倒在最后一步上。一分钟很短，人在瞬间的思考中，很可能会做出影响自己一生的抉择。

一个人在自动取款机上取款，发现里面有一张别人忘记取的卡，屏幕显示可以继续交易。面对诱惑，这个人走开，又走了回来。在一分钟的时间里，贪婪战胜了良知，也就决定了他的悲剧结局。如果他将卡退出来，配合警方或银行找到失主，他的人生也许会是另一个模样。

我们会遇到很多这样的一分钟，是由命运摆布，还是改变命运？举手投足之间，这一个个人生命题，只能由自己去解答。

我认识一位朋友，没有什么特长，甚至有些平庸。他下岗了，和妻子去了深圳，在一所学校门口卖油炸汤圆。

一天，一个手捂腹部、鲜血淋漓的中年人趔趔趄趄地走过来，昏倒在马路边。当时朋友想去帮助这个人，但又怕惹上是非，便有了一丝犹豫。但他还是将这个被歹徒抢劫捅伤的陌生人送到了医院。这个人是一家大公司的老总，后来跟我的朋友成了最要好的朋友。

几年过去了，我的这位朋友在深圳买了汽车和房子，负责那个老总旗下的一家分公司，干得非常不错。

当我们面对这个世界，觉得无所适从的时候，一个轻率或者慎重的决定，哪怕只有一分钟的酝酿，都可能会改变一生的命运。

93. 这个年轻人在几百名应聘者中之所以能脱颖而出，是因为什么？
A 他很有力气　**B** 他长相英俊　**C** 他能力很强　**D** 秘书喜欢他

94. “我”的那个平庸的朋友在深圳遇到了什么事情？
A 被老板炒了鱿鱼　**B** 被人送到了医院
C 救了一个受伤者　**D** 救人惹上了官司

95. “我”的这位朋友为什么会和一家大公司的老总成了最要好的朋友？
A 他帮助老总脱离危险　**B** 老总帮他住进了医院
C 他为老总惹上了麻烦　**D** 老总在经济上帮助他

96. 本文主要想说明什么问题？
A 朋友之间的故事　**B** 一分钟改变人生
C 求职时注意事项　**D** 如何才能当老板

97–100.

在手电筒发明之前，灯笼就是能提着走的光亮。记得郭沫若有一首诗联想很奇特，看到天上一颗流星，想到那是牛郎织女提着灯笼在走。倘若诗人幻想的是牛郎打手电筒，怕是毫无诗意且大煞风景了。

人类夜伏昼出，是与光密切相关的动物：住房开窗将日光引到屋里，有了丰富的室内活动；发明了油灯蜡烛，将白天"延长"，驱走了夜的黑暗；灯笼的发明，将光亮提到夜路上，让人的脚步不至于跌跌撞撞。

我收藏了这样一盏玻璃灯笼，没有什么太特别的地方，只是这盏玻璃灯笼可以折叠起来，由立体变为片状。

灯笼设计得小巧玲珑，高 16 厘米，顶部是正方形，四边各宽 8 厘米，玻璃四框均有窄窄的铜包边，这样的设计既减少遮蔽烛光，又显得灵巧。上盖为一天圆地方的镂空"钱"，以便蜡烛散热；下面在四角共开 12 个小孔，以补充氧气。灯笼由四块玻璃组成，由四面玻璃的设置可以看出其细密的设计理念。两面为透明玻璃，一面为横纹铸料玻璃，一面为红色彩玻璃。这些玻璃不仅有透光功能，而且横纹的变化能引人注意，更有血红的一面玻璃，能够警示人，也可以惊吓野兽。这样的玻璃运用足以看出制造者的良苦用心。

特别是灯笼不露痕迹的"折叠"理念，使人感受到匠人的手艺和智慧。

灯笼是游走的照明工具，它的特点是非固定性和非白日用物。然而以前乡镇没有夜生活，走夜路只是偶尔的事，这就是说，灯笼不是每天必用之物。再说，灯笼通体是易碎的玻璃，不好随意放置，于是把它变成可折叠的"变形灯"，用之则行，不用则藏。这盏灯笼，运用了凹槽原理，最后用小销子插上固定。看似简单，但确确实实让人读到手工艺匠人的心智。

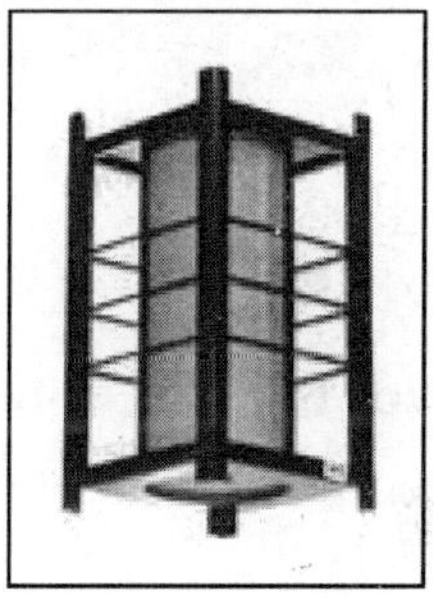

这盏灯笼应是清代江南之物，灯底部打有"立记"二字，是制造者的标识。此物为平民的日常生活用物，不是收藏的"重器"，然而这种"折叠智慧"，在市场竞争日益激烈的今天，尤其值得借鉴。

97. 作者认为他收藏的这盏灯笼最特殊的地方在哪儿？

A 正方形　　**B** 有标识　　**C** 有玻璃　　**D** 可折叠

98. 作者在描述这盏灯笼时，没提到灯笼的哪个方面？

A 大小　　**B** 造型　　**C** 重量　　**D** 材质

99. 匠人在设计这盏灯笼时，为什么用一面红色玻璃？

A 增加亮度　　**B** 吓唬野兽　　**C** 颜色好看　　**D** 显示特色

100. 匠人在设计这盏灯笼时，下面哪点没考虑进去？

A 怎样补充氧气　　**B** 夜间不太常用

C 怎样放更安全　　**D** 坏了怎样修理

阅读专项训练（一）参考答案

第一部分

51. C	52. A	53. C	54. C	55. D
56. B	57. A	58. C	59. A	60. A

第二部分

61. C	62. A	63. B	64. A	65. D
66. B	67. A	68. B	69. C	70. D

第三部分

71. A	72. B	73. C	74. E	75. D
76. A	77. C	78. B	79. E	80. D

第四部分

81. C	82. C	83. C	84. C	85. B
86. A	87. C	88. C	89. A	90. D
91. B	92. A	93. C	94. C	95. A
96. B	97. D	98. C	99. B	100. D

阅读专项训练（一）答案详解

第一部分

51. C 项后半句中的副词“何必”应放在动词“花”前。

52. 各个国家的老人都在生活着，A 项后半句应该说“也是老人生活最……”，比如可以说成“也是老人生活最方便的国度之一”。

53. C 项中第二个“了”用错了，这里表示状态和动作的持续，应该用“着”。

54. 根据 C 项句意，本句强调的是时间的起点，应用“从……起”，而不是“从……时”。比如说：“从现在起，我再也不抽烟了。”

55. D 项有两个语病。一是引进范围应该用“在……上”，即“在文学之路上”；二是“他”与“越走越宽”搭配不当。

56. B 项中的“依赖”一词用错了，根据句意应该用“依靠”。“依赖”的对象是别的人或事物，如：“不能依赖别人”；“依靠”的对象可以是别的人或别的事物，也可以是自身的力量，如：“她依靠希望工程的资助，才上了大学。”又如：“他依靠自己的辛勤劳动，使全家过上了幸福的生活。”

57. A 项中的“许多朋友们”是错的。因为在汉语中名词是没有单复数之分的，“许多朋友”就表示多数，不必再加“们”。

58. C 项有误。原因是“和蔼”一词不能重叠，而且“和蔼”用在这里不合适，可以用“和和气气”。

59. A 项中“我只感兴趣汉语语法研究”应改为“我只对汉语语法研究感兴趣”。“感兴趣”是一个动宾短语，它后面不能带名词短语，正确的结构是“……对……感兴趣”。

60. A 项中的“急忙”不能用程度副词修饰。正确的说法应该是去掉“很”，或者把“急忙”换成“匆忙”。

第二部分

61. 从第一个空来看，只能搭配“全面”一词，而其他三个词不能与之搭配，这样就排除了 A、B、D 三项。所以 C 项是正确答案。

62. 从第一个空来看，可填入“大力”、“极力”和“拼命”，排除了 D 项；再来看第二个空，只能填“维护”，又排除了 B、C 两项。所以 A 项是正确答案。

63. 从第一个空来看，可填入“随着”、“通过”，排除了 A、D 两项；再来看第二个空，只能填入“对于”，又排除了 C 项。所以 B 项是正确答案。

64. 从第一个空来看，可填入“由于”、“因为”，排除了 C、D 两项；再看第二个空，“添加”和“增加”都可以填入；再看第三个空，“产生”和“出现”也都可以填入；最后看第四个空，“降低”可填入，而“轻视”不合题意。所以 A 项是正确答案。

65. 从第一个空来看，可填入“提议”、“建议”，排除了 A、B 两项；再来看第二个空，可填入“最好”，而“简直”不合题意。所以 D 项是正确答案。

66. 从第一个空来看，似乎可填入“产生”、“繁殖”、“生长”三个词，但细想大量细菌和病毒是怎么来的，它们只能是繁殖而来，而不是饮水机“产生”和“生长”出来的；再看第二个空，也只能填入“容易”一词，排除了 A、C、D 三项。所以 B 项是正确答案。

67. 从第一个空来看，可填入“根本”、“简直”，排除了 B、D 两项；再来看第二个空，只有“亲自”合适，这样又排除了 C 项。所以 A 项是正确答案。

68. 从第一个空来看，填入“享受”是最佳选择，所以 B 项是正确答案。

69. 从第一个空来看，填入“期盼”、“渴望”、“向往”、“希望”都可以；从第二个空来看，“可是”、“但是”和“然而”都能填入，这样排除了 D 项；再看第三个空，只有“需要”能填入，又排除了 A、B 两项。所以 C 项是正确答案。

70. 从第一个空来看，可填入“特别”、“特殊”，排除了 A、B 两项；再看第二个空，只能填入“感到”一词，又排除了 C 项。所以 D 项是正确答案。

新汉语水平考试

HSK（六级）

阅读专项训练

（二）

阅 读

第一部分

第 51-60 题：请选出有语病的一项。

51. A 一年之计在于春，春天是孩子长身体的好季节。
B 香山红叶是我梦寐以求想去的地方，所以刚到北京我就去看了。
C 都说爱美之心人皆有之，其实男人跟女人在这个问题上还是有差别的。
D 在世界范围内，女人的平均寿命比男人长五岁，这是国外的一家研究机构的科研成果。

52. A 昨天买东西的时，售货员给少了，回来后我又去找了一趟。
B 这篇文章只谈到了现象，应该进一步分析原因，增加认识的深度。
C 这是个十分重要的原则问题，我们要多商讨几次，不要轻易决定。
D 她本来可以有一份高收入的工作，可是因为舍不得孩子，她没有去。

53. A 这里饭店很多，而且家家都很有名，都很爱吃。
B 随着天气转暖，本市大部分蔬菜价格明显下降，比上个星期便宜了二成左右。
C 剧情扣人心弦，剧中每个人物都有痛苦的经历和丰富的情感，容易让观众产生共鸣。
D 书生气十足的王民在竞争中吃了不少亏，遇到明争暗斗的事他就气得拍桌子瞪眼睛。

54. A 换了教练以后，他们队进步很大，已由弱队升为强队了。
B 不管情况有多么紧急，他却能做到面不改色，表现得很镇静。
C 田民总在楼道里唱歌打扰别人，大家三番五次地说他，他也不听。
D 若没有你们的大力协助，我们不可能这么快就完成这项艰巨的任务。

55. A 爸爸批评我时，起初声音很大，慢慢地声音变得柔和了。
B 虽然老师给了我许多暗示，我仍然想不出来应该怎么回答这个问题。
C 世界上大多数国家对于贩卖毒品的行为，都采取了决不容许的政策。
D 无论我花了全部精力来写这篇文章，却还是不令人满意，所以我找你给出出主意。

56. **A** 爱玲一见到我，如同见了亲人，扑在我身上哭了起来。

B 我知道他不愿意跟我们合作，虽然如此，还是要请他来帮忙。

C 他在戴着耳机听歌呢，闭着眼睛摇晃着，一副如醉如痴的样子。

D 我很想学习一些技术，可是又不知从哪儿入手，你给请教我一下好吗？

57. **A** 一年后，王成突然接到一张法院传票，说有人告他“欠债不还”。

B 我忙了一天，虽然觉得有点儿累，但却给妈妈减轻了不少负担，心里挺高兴的。

C 我们约好八点钟见面电影院门口，可是电影都开演了，她还没来，我只好一个人进去了。

D 别小看一张普通的消费账单，它不仅浓缩了商家的诚信服务，而且还代表了消费者的权益。

58. **A** 这个人说话怎么不知道深浅呀，什么该说的不该说的全都说了。

B 去各地旅行一圈以后，我才深切地感到，哪儿都不如自己的家乡好。

C 大千世界，没有任何一个事物是处于静止状态而一成不变的，所有事物都在不停地发展变化中。

D 在写作实践，同学们已逐渐明白，表达文章的中心主题必须靠材料。因此，许多同学动手成文之前总要搜集许多材料。

59. **A**《琵琶行》叙述层次分明，描写细致生动，因此这首诗被历代文人所称颂。

B 由于时间久远，儿孙们所了解的关于老人的事情基本都来自于老人的回忆。

C《琵琶行》之所以会取得这样的成就，是以为这首诗叙事、抒情、描写都达到了炉火纯青的程度。

D 面对全球生态环境日益恶化的现状，保护环境、保障人类健康已经成为每个行业的责任。

60. **A** 这种新式的双开门电冰箱看出来质量不错，价格也不算贵，你就别犹豫了，买下来吧。

B 作者以优美、流畅的语言描写了游览蓬莱的经历，十分生动、感人，读后确实使人如临其境。

C 家庭是社会的一面镜子，它从侧面反映着社会的风貌，“家规带来的苦恼”也是一个普遍的问题。

D 我一向觉得自己数学学得不错，可万万没有想到，开学头一次几何考试我的成绩竟是全班倒数第一。

第二部分

第 61–70 题：选词填空。

61. 随着对全球变暖警觉的提高，人们对减碳低碳的探索也越来越________。一种倡导健康生态、环保节能的低碳出游________，正在成为各国旅游者追求的________。

A 深入　方式　目标　　B 正确　问题　准绳
C 标准　形式　境界　　D 深刻　组团　理想

62. 什么是单位？旧时指机关、团体或属于某个机关、团体的某个部门。现在，单位的________恐怕要宽泛得多了。________不是什么机关或团体，但只要你能在那里干活儿________领取工资，这样的部门都可以称之为单位。

A 规定　哪怕　还　　B 周围　尽管　又
C 规范　固然　而　　D 范围　即使　并

63. 大家都知道，教师________着教书育人的重要工作。和其他工作相比，教师工作的特点是很________的，需要我们老师付出很大的心血、投入________的精力才能________好孩子。

A 担任　优秀　许多　训练　　B 承担　突出　大量　教育
C 继续　明朗　宏伟　教训　　D 流传　明显　洪大　培育

64. ________参观者来说，世博会也是一次________的美食博览会。在这里，既可以________到中国各地的美味佳肴，也可以尝一尝______世界各国的风味餐饮。

A 对　名副其实　品尝　来自　　B 在　理直气壮　口福　进口
C 从　供不应求　耳闻　出口　　D 给　家喻户晓　免费　亲自

65. 在日常生活中，我们______见到有人乐观，有人悲观。为什么会这样？________，外在的世界________没有什么不同，________个人内在的处世态度不同罢了。

A 刚才　实事　也　不过　　B 常常　真正　倒　只有
C 往往　其实　并　只是　　D 时期　本来　却　因为

66. 何为达人？达人是指在某一领域很精通的人，最初被________为高手，而后这个称呼被越来越多的人接受和喜爱，________时尚的流行用语。其实，我们每个人都有自己的长处和魅力，________用心发现，人人都是达人。

A 明白　造成　只有　　B 理解　成为　只要
C 翻译　影响　假若　　D 解决　形成　即使

67. 传统的西方烹饪技法________菜式，________忽略口味，而西餐饮食在中国的________消费群体绝大部分是中国人，国人用餐味道为先，有着________“食文化”的天津尤为如此。这就对外籍厨师的烹饪________有了更高的要求。

A 注重　往往　主要　悠久　水平
B 研究　常常　主流　漫长　技术
C 重视　久久　主观　遥远　手艺
D 看重　经常　正确　深远　花样

68. 在快节奏的现代社会里，人们在________的工作之余，________推崇健康舒适、科学便捷的生活。可是，在人们一直________去追求健康生活方式的同时，各种疾病却会悄然来袭，________人防不胜防。

A 急迫　进而　一帆风顺　被　　B 激烈　极力　千方百计　使
C 愉悦　特殊　争分夺秒　把　　D 紧张　更加　绞尽脑汁　让

69. 闺中密友小琳自从进入一________大公司做行政工作后，________忙得焦头烂额。每天早上，她总是第一个来到办公室，下班时又是最后一个离开。有时，________吃过晚饭，她又绕回到办公室，继续________一些非分内的工作。

A 座　从来　忘记　搞　　B 所　出勤　牺牲　弄
C 户　全部　连同　干　　D 家　整天　甚至　做

70. 在写作课上，教师应该给学生________运用语言的条件，________学生能从课堂上清楚地知道自己应该写什么和________写，________通过努力能够完成，________他们运用外语进行书面表达的信心。

A 提出　被　要么　从此　加强　　B 提倡　给　那么　要不　增加
C 提示　叫　这么　以及　增进　　D 提供　使　怎么　并且　增强

第三部分

第71–80题：选句填空。

71–75.

街上曾经有两家以做干锅鸡闻名的饭店，一家在东，一家在西。但到后来，却只剩下西边这家了。

说起来，还是东边那家饭店先推出干锅鸡这道菜的。我清楚地记得，当时他们在饭店门楣上挂出一条鲜艳的条幅，写着"本店新增特色菜干锅鸡"。正是这个条幅，把像我这样的馋家伙们勾引了进去。鸡是放在铁锅里端上来的，几乎没有一点儿汤汁，却没有一点儿糊味，香脆可口。锅边还贴有花卷、小馒头等面食，既下酒，又当饭，可谓一举两得，(71)______。此菜一推出，该店生意大火，我与几个朋友接连去吃了几次。每回这道菜几乎都被吃光，最多只剩下鸡头和鸡爪。

不久，西边那家饭店也隆重推出了干锅鸡这道菜，(72)______。然而他们却偷得高明，偷得地道，不仅够味道，而且量也大。最令人称道的是，锅里竟然没有鸡头和鸡爪，让人觉得很实惠。我去吃了几次，便再也不去东边那家了。也许很多顾客与我有着同样的心理，渐渐地，西边的这家饭店门庭若市，而东边的那家却门可罗雀，最终关门。

有一次，我们又在西边这家饭店用餐，依然点了干锅鸡。按捺不住好奇的心理，我问服务员："你们的干锅鸡里为什么没有鸡头和鸡爪？不会是扔掉了吧？"服务员答道："鸡头和鸡爪都制成卤水拼盘了。"(73)______。

喜欢吃鸡头和鸡爪的人并不多，与其让它们败坏了一道好菜，(74)______。东边的饭店本想主次兼顾一举两得，好节约些成本，没想到却影响了质量，制约了销售，结果在激烈的市场竞争中被淘汰，(75)______。

次要的东西并非一无是处，关键是要把它摆对位置。

A 原来如此
B 可谓得不偿失
C 还不如另做他用
D 非常受顾客欢迎
E 多少有点儿偷艺之嫌

76–80.

小龙同学：

你好！

来信收到。你在信上说，想让我谈一下怎样写读书笔记的事。我想在这儿谈谈自己写读书笔记的一些体会，(76)__________。

对于刚进大学读书的一年级学生来说，我觉得写读书笔记是一种好习惯。读书笔记可以帮你记住很多有用的东西，而且还能帮助你思考和巩固你学到的知识。

我觉得，写读书笔记最重要的一点是要经常写，手要勤，把读到的东西及时地记下来。(77)__________，还可以把自己读书时的想法随时写下来。这样不但能帮助你记住学到的知识，(78)__________。

写读书笔记的第二点就是要坚持，平时看完书写一下笔记并不难，但是要养成习惯并且坚持写下去则不那么容易。(79)__________，刚开始也许不容易坚持，长期写下去，你会发现写读书笔记的好处。

第三，写读书笔记要注意分析，不要看到什么写什么，喜欢什么抄什么。对记下来的东西要思考，要概括；要有选择地记，(80)__________，来帮助自己尽快进步。

先写这些，希望有机会和你更多地交流。

祝你学习进步！

刘义华

9月12日

A 记一些有用的知识

B 想养成写笔记的习惯

C 也许对你会有些帮助

D 除了记下书上的东西外

E 还可以培养你的写作能力

第四部分

第 81–100 题：请选出正确答案。

81–84.

随着生活节奏的不断加快，人们的心理压力越来越大，再加上生存环境逐渐恶化，男性的健康问题越来越突出。专家指出，多饮健康水，有助于缓解生理压力，更有利于男性健康。

近年来，男科疾病正以每年 3%的速度递增，成为严重危害男性健康的"杀手"。健康学家指出，与女性相比，男性免疫力较低，耐久力较差，生命力较弱。随着男性生活工作压力的加大，越来越多的男性提早进入了更年期。

男性因为不注重生活细节，很多时候自己生了病却还没有觉察到。男性常常自认为应该承担更多的家庭、社会等责任，从而拼命工作。男性常常忙于应酬，染上抽烟、喝酒、暴饮暴食等坏习惯……从这一角度来讲，男性更需要重视自身的健康。

专家指出：为了满足男性健康的需要，秋季应该尽量饮用健康水。健康水的小分子团结构具有内聚力大、分子间隙趋于紧密、表面张力强、与人体细胞内的水分子结构非常接近等特点，具有很高的生物亲和力，很容易被吸收，对调整男性免疫系统、促进生长十分重要。

据世界卫生组织针对健康水提出的完整概念，健康水应该具备以下三种特质：

1. 没有污染，不含致病菌、重金属和有害化学物质；
2. 含有人体所需的天然矿物质和微量元素；
3. 生命活力没有退化，呈弱碱性，小分子团水，活性强等。

男性在工作之外，多半有运动的爱好，这时，普通的水并不能完全满足男性的需要。在运动时，汗液将带走不少无机盐，如钠、钾、镁等。这时就更需要多喝一些健康水，补充机体需要，同时也可以防止电解质紊乱。

81. 第二段中的"杀手"指什么？

A 专门做坏事的人　　B 一心想自杀的人
C 男科的一些疾病　　D 夫妻间的某些矛盾

82. 现在的男性为什么会提早进入更年期？

A 常常忙于应酬　　B 承受的压力太大
C 不懂得喝健康水　　D 过于注重生活细节

83. 男性为什么需要饮用健康水？

A 可补充无机盐　　B 经常加班加点
C 没有女性耐渴　　D 更年期太短了

84. 下面哪项最适合做本文题目？

A 什么样的水是健康水　　B 男性应该多饮健康水
C 每个家庭都要买健康水　　D 大家都应经常参加运动

85–88.

16 岁那年，他喜欢上了班上的一个女同学。他给她写了一封情书，她竟然把情书贴到了学校的宣传栏里，他感到一种刺心的痛。他转学了。在后来的两年里，他拼命学习，考上了湖南大学。

22 岁，他大学毕业，顺顺利利地进了政府机关。有一回，他到乡下去访亲，亲友竟把一只狼像狗一样养在家里看护院子。他惊讶地问缘故，亲友告诉他，这狼连长相都有些像狗，更别提狼性了。没多久，他就在别人的惋惜声中辞职去了深圳。

他专找那些有名的外资企业去求职，而且他总能想方设法直接地向外方经理面呈自荐信。后来他真的被其中一家公司录用了，那一年他 24 岁。三年后他因成绩突出，被调到地处丹佛的美国总部。上班第一天，他按中国人的习惯请美国的新同事共进午餐。然而，就在他准备买单的时候，同事们却一个个不近情理地坚持自己付自己的账。他尴尬的同时，也明白了些什么，于是更加努力地工作。

这是一个人的真实经历，他叫王其善，现在是位于美国丹佛市的全球第四大电脑公司的技术总监。他告诉我们："16 岁时的经历让我明白，一个人要想被他人尊重，首先得自己尊重自己；22 岁时我开始明白，狼之所以失去狼性，是因为它没有学会自立；24 岁时我知道，要想求职成功，首先要自信；而那年在美国上班的第一天，我知道了美国人为什么要实行 AA 制——每个人都不能指望别人会为自己的人生买单，要想获得成功，就得自己努力，这就是自强。自尊 + 自立 + 自信 + 自强，就等于成功，这就是我多年的总结。"

85. 王其善 16 岁那年为什么要转学？

A 为了找回自尊　　B 因为成绩较差
C 为了考上大学　　D 学校开除了他

86. 王其善的亲友为什么敢养狼来看家护院？

A 那里没有狗　　B 那里都养狼
C 狼失去了狼性　　D 狼的样子很像狗

87. 王其善要请美国新同事共进午餐，美国人却要实行 AA 制，这件事使他明白了什么？

A 新同事不够热情　　B 美国人都很固执
C 成功要靠自己努力　　D 美国人不喜欢中餐

88. 下面哪项最适合做本文题目？

A 成功的公式　　B 王其善请客
C 王其善跳槽　　D 王其善的一生

89–92.

我从中学时代就爱读小说，拿到什么书就读什么书。记得《青春之歌》、《红岩》、《林海雪原》这些小说，是在上初中时读的。那时，上课时常偷看小说，有几部小说成了老师的战利品。

插队时，也曾胡乱读了一些书。古人有句话讲了读书的情致——“雪夜闭门读禁书”。那时禁书多如牛毛，可越是禁读，就越想读。为此，不论得到什么书，我都会与知青伙伴偷偷传阅，精神聚餐。

在北大上学期间，我尽情尽兴地读。除了细细研读马恩列斯毛的原著外，也读了一些西方的文学名著。品读《高老头》、《红与黑》、《悲惨世界》、《当代英雄》、《父与子》、《复活》，也就品读了巴尔扎克、斯汤达、雨果、莱蒙托夫、屠格涅夫、托尔斯泰……在北大的读书，让我完成了一定的理论积累和情趣熏陶。我一次次在伟人、先哲们辉煌的思辨与精湛的匠艺面前顶礼膜拜，我一次次在无与伦比的语言张力下惊诧莫名……心扉为之所撼动。在阅读中被折服，蓬勃了自身，迸发出从未有过的活力。

工作之后，虽仍有很强的读书欲望，但只能“功利”性地去读，“学以致用”地来补给所需。

退休后，阅读成为我生活中的一部分。读的书既多且杂，每有闲暇，全凭一时之趣，从书架上抽出新新旧旧的书刊来，开卷便从中获得一种心境的愉悦，一种情操的陶冶，一种精神的大快朵颐。读书破万卷，我理解就是读书无止境，要养成终身读书的习惯。尽管我们老年人的读书能力弱——至少是眼力和记忆力大不如前了，但我们的优势却在于完全凭着自己的兴趣，不是功利地去阅读，就像品一杯午后的香茗，悠闲自得，从容淡定，细细品味其中的味道，与人生相契合，悟沧桑之世态。所以，哪怕你一天只读一篇小品文，读一首小哲理诗，浏览几页画册，都是一种对心性的补给与滋养。

阅读是一种享受！

89. 作者认为什么时候是他读书收获最大的时候？
   A 上初中时　　**B** 当知青时　　**C** 在北大时　　**D** 工作以后

90. 作者认为什么是“精神聚餐”？
   A 雪夜闭门读书　　**B** 读禁止读的书
   C 越禁越想去读　　**D** 与伙伴传阅书

91. 下面哪项是作者工作后的读书特点？
   A 带有功利色彩　　**B** 完全凭着兴趣
   C 有什么读什么　　**D** 尽情尽兴地读

92. 作者退休后，为什么还要读书？
   A 想学习一种技能　　**B** 为总结人生经验
   C 获得愉悦的心境　　**D** 学习食疗的方法

93–96.

他和她在同一家工厂的流水线上工作，两个人每天面对面上班。恋爱一段日子后，开始商量结婚的事。

她的父母强烈反对。父亲是工厂的老职工，认识他，认为他是个不求上进的男人，懒散，没事业心，一个月只有几百块钱，还跟社会上一些不务正业的人来往。女儿跟了他，绝对没有好日子过。

不仅父母，她的一些同事也反对她嫁他，说这样的男人喜欢可以，绝对不能当丈夫。

她却铁了心，不管谁劝，就是一句话："我就要跟他。"

父亲很失望，母亲冲她嚷："你这是拿自己的幸福赌博！"

她抬起头，斩钉截铁地说："就算是赌博，就算会输，我认了！"

所有人劝阻都无济于事，24 岁，她嫁他为妻，租了套小房子，从家里搬了出去。

可事实却出乎所有人的意料，结婚后，他像换了个人，分外刻苦努力。他先是离开半死不活的厂子，接着与外面那帮乱七八糟的朋友断了联系，去一家私企跑业务。那一年，他累得又黑又瘦，晚上几乎没有在 10 点之前回来过，一回家便倒在床上，衣服不脱就能睡着。

孩子出生后，他让她别再出去工作了，安心在家做母亲。这时，他做到了业务经理。公司给他配了车，他们贷款买了新房，每个人都看他大有前途。

这时，她因为生孩子，胖了许多，穿衣服也随意起来，和他站在一起，让人有种不相配的感觉。当初替她担忧过的人又开始了新的担忧，担心这个男人会离她而去。

但这次，大家又看错了他，在他人生和事业不断攀升的日子里，他爱她始终如一。并且从她坐月子起，每天晚上，都是他给她洗脚。

那天晚上，他又把她的脚握在掌心。她突然笑着问："怎么会对我这么好？"

他看了她片刻，然后认真地说："因为当初，你拿自己一生的幸福做赌注，要跟着我。你是世界上唯一这样信任我的人，我怎么舍得让你输？"一向爱笑的他，说完这话，眼圈就红了。

93. 父母和好友都反对她与他结婚，她持什么态度？

A 把他当喜欢的人　　**B** 坚决要和他结婚

C 她不想和他结婚　　**D** 她只好服从父母

94. 对于她和他，人们新的担忧是什么？

A 他会抛弃她　　**B** 他走回头路

C 他配不上她　　**D** 她越来越胖

95. 她与他结婚后，她感到怎么样？

A 很别扭　　**B** 不痛快　　**C** 很幸福　　**D** 很无奈

96. 他发生改变的根本原因是什么？

A 她父母的指责　　**B** 她对他的信任

C 朋友们的激励　　**D** 竞争带来压力

97–100.

自从我用上手机以后，家里的电话就成了我父母的专线。他们打电话通常并没有什么要紧的事。照常规，压根儿就不需要打。但他们的电话几乎还是天天不断。有时候正在炒菜，有时候水烧得正开，有时候电视里的节目正精彩……电话铃响起，准是父亲或母亲的。仍然是相同的几句话："吃了吗？吃的啥？"然后问我儿子和老公是否在家。这个时候，我便有点儿心不在焉。他们明显地感觉到了我的冷淡，便立刻讪讪地收了线。

也有时候逢着我心情好，接到父母的电话，我会很愉快地配合他们的"采访"。从蔬菜的价格说到我的烹调技巧，从丈夫的减肥计划说到儿子近来的趣事。而且一会儿让儿子来听，一会儿让老公来听——电话那边便透出无比快乐的气息。

父亲打电话时，往往后面还有一个帮腔的，那便是母亲。父亲声带动过切除手术，母亲生怕我听不清，便在父亲旁边重复或者提醒。有时候母亲的声音高得盖过了父亲正在谈论的话题。这个时候，我会听到父亲不高兴地说："别吵！要不你来说。"母亲便立刻住了嘴，然后就听父亲一个人跟我聊。一会儿母亲的声音再度响起……

有时候电话打进来时，父亲连自己都觉得没事不好开口，第一句就是："你妈让我打个电话问问。"就此打开话匣子。

母亲打电话时，第一句话也常常是以父亲为借口："你爸说他看到你的一篇文章了。"

有一次我对母亲说："妈，以后没事不要打重复的电话了。我们有什么事会告诉你们，你们老打电话不是很浪费钱吗？两次电话一盘豆芽菜就没了。"

我以为一向节俭的母亲一定会对我的精打细算大加赞赏，没想到母亲这次竟说："傻孩子，一天只要花上几毛钱就能听到你的声音，值啊！"

那一刻，我的心像被撞碎的玻璃散落一地。

后来，父母相继离我们而去。家里的电话便几乎不再响起。

几年过去了，老公曾提议将这闲置的电话拆掉，可我始终没有同意。因为我依然真真切切地感觉到，父母还在电话里——每天回家看到静静的电话，父母的声音就会在我耳边响起。

97. 父母经常打电话是为什么？

A 有紧急的事情 **B** 惦记着"我们"

C 不喜欢用手机 **D** 常看"我"的文章

98. 父亲给"我"打电话时：

A 是母亲让他打过来 **B** 希望母亲帮他解释

C "我"听不清他说的话 **D** 母亲也想跟"我"讲话

99. "父母相继离我们而去"是说父母：

A 先后搬家 **B** 先后去世 **C** 两人分手 **D** 不理我们

100. "我"为什么不同意拆掉电话？

A 想纪念父母 **B** 有人找父母

C 出现了幻觉 **D** 手机不方便

阅读专项训练（二）参考答案

第一部分

51. B	52. A	53. A	54. B	55. D
56. D	57. C	58. D	59. C	60. A

第二部分

61. A	62. D	63. B	64. A	65. C
66. B	67. A	68. D	69. D	70. D

第三部分

71. D	72. E	73. A	74. C	75. B
76. C	77. D	78. E	79. B	80. A

第四部分

81. C	82. B	83. A	84. B	85. A
86. C	87. C	88. A	89. C	90. D
91. A	92. C	93. B	94. A	95. C
96. B	97. B	98. D	99. B	100. A

阅读专项训练（二）答案详解

第一部分

51. B 项说“……红叶是……地方”，显然不对。应说“……红叶是……景色”，因此要改成“香山红叶是我梦寐以求的景色”。

52. A 项中的“的时”用错了，应改成“的时候”或“时”。

53. A 项中，“饭店”只是前半句的主语，后半句的主语则是去饭店吃饭的人，不能省略，否则就变成了“饭店很爱吃”。因此后半句要加上主语，改成“我们都很爱吃”或“顾客们都很爱吃”。

54. B 项中关联词语的搭配有误。“不管”应跟“都”或“也”搭配，而不能跟“却”搭配。

55. D 项中关联词语的搭配有误。根据句意应该用表示转折关系的关联词语，这里的“无论”是表示条件关系的，所以应改成“虽然”或“尽管”。

56. D 项中的“你给请教我一下好吗”表达有误，应改成“我向你请教一下好吗”或“你给我指导一下好吗”。

57. C 项中的“见面电影院门口”有误，地点词应该放在“见面”前面，并加介词“在”。正确的说法是“在电影院门口见面”。

58. 根据句意，D 项中的“在写作实践”应该改成“在写作实践中”。

59. C 项中关联词语搭配有误，应该改成“……之所以……是因为……”。

60. 根据句意，A 项是说估计这种电冰箱的质量不错，而句中的“看出来”没有“估计”的意思。这里应该用“看起来”。

第二部分

61. 从第一个空来看，跟“探索也越来越”搭配的可以是“深入”或“深刻”，排除了 B、C 两项；再看第二个空，“倡导”的应该是一种“方式”，又排除了 D 项。所以 A 项是正确答案。

62. 从第一个空的前后意思来看，说的是“单位的范围”，这样就排除了 A、B、C 三项。所以 D 项是正确答案。

63. 从第一个空来看，只能填入“担任”或“承担”，排除了 C、D 两项；再看第二个空，说的是“特点”怎么样，只能填入“突出”，又排除了 A 项。所以 B 项是正确答案。

64. 从第一个空来看，应填入“对”，因为“对”能够跟“来说”搭配成固定格式“对……来说”。这个固定格式表示从某人或某事的角度来看。如：“对学外语的人来说，掌握正确的发音是不太容易的。”这就排除了 B、C、D 三项。所以 A 项是正确答案。

65. 从第一个空来看，能填入“常常”、“往往”，排除了 A、D 两项；再看第二个空，只能填入“其实”，又排除了 B 项。所以 C 项是正确答案。

66. 从第一个空来看，能填入“理解”、“翻译”，排除了 A、D 两项；再看第二个空，只能填入“成为”，又排除了 C 项。所以 B 项是正确答案。

67. 从第一个空来看，能填入“注重”、“看重”、“重视”，可排除 B 项；再看第二个空，能填入“往往”、“经常”，又排除了 C 项；再看第三个空，只能填入“主要”，排除了 D 项。所以 A 项是正确答案。

68. 从第一个空来看，能填入的词只有“紧张”，因为在快节奏的社会里，每个人的工作都是紧张的。所以 D 项是正确答案。

69. 从第一个空来看，只能填入“家”，因为公司的量词是“家”，其他三项就都被排除掉了。所以 D 项是正确答案。

70. 从第一个空来看，可填入“提出”、“提示”、“提供”，排除了 B 项，因为“条件”跟“提倡”不能搭配；再看第二个空，可填入“叫”和“使”，又排除了 A 项；再看第三个空，在 C 项和 D 项中，只能填入“怎么”，排除了 C 项。所以 D 项是正确答案。

新汉语水平考试

HSK（六级）

阅读专项训练

（三）

阅 读

第一部分

第 51-60 题：请选出有语病的一项。

51. A 她在大学学习期间，获得了奖学金和优秀学生干部。
B 那年头，无论男女教员，同被尊称为“先生”，因此我妈也被尊称为“肖先生”。
C 对于中国人来说，属于自己的房子，不仅是一家人衣食住行的起点，也是生活踏实的象征。
D 从 26 岁起，王溪几乎每个节假日都是在相亲的饭局中度过的，可他至今也没有中意的对象。

52. A “和谐 2 号”钻井船的船体结构和“和谐 1 号”复杂得多。
B 他只在双休日收拾屋子，那两天，他的屋子比谁的屋子都整洁。
C 我认为，人们往往把指挥家想象为头发花白、充满传奇故事的人物。
D 别人问他的私事时，他并没有直接拒绝，而是换了个话题谈，说得恰到好处。

53. A 大歌星一上台，粉丝们便鼓掌起来。
B 如果人文景观遭到严重破坏，北京就没什么旅游价值可言了。
C 为了获得良好的广告效应，他们公司不惜斥巨资制作了一批极精美的宣传品。
D 玛丽为了在新 HSK 考试中取得好成绩，这个月一直在夜以继日地学习汉语。

54. A 你一旦成了科学家，就会发现不可能再找到比做科学家更好的工作了。
B 真理常常就在你的身边，能不能发现它，就看你有没有一双敏锐的眼睛。
C 设计一把椅子若忽略了人体的结构，就像设计蛋盒而不考虑鸡蛋的形状一样。
D 中国古代天文学之所以发达，首先是由于一些帝王们认为天象直接关系着皇家的命运。

55. A 这两个人一个滑，一个坏，凑一起真是气味相投。
B 最近几天冷得要死，但是今天一点儿暖和了，所以我出来散散步。
C 就要出国留学了，她的心却起伏不定，为自己未来的生活而担忧。
D 我起初并不知道他们要干什么，后来才知道他们是去南方旅游了。

56. **A** 参团旅游较省钱、方便，但行程较密集，游客容易疲劳。

B 大公司一般都录用真有汉语水平的人，所以我在为提高汉语水平而努力。

C 矿泉水是指未经污染、从地下深处自然涌出或人工开采所得的天然地下水。

D 用多种食物喂养六个月大的婴儿，对他们长大后适应不同种类的食品很有帮助。

57. **A** 我非常支持"车到山前必有路"这句话，因为我很多次遇到过这种情况。

B 泡菜是韩国最主要的菜肴之一，种类和味道之丰富，绝对超出一般人的想象。

C 从古至今，健康、长寿永远是人类追求的生命最高境界，但是，疾病和衰老毁掉了人类的这一美梦。

D 这时，我觉得天空更蓝了，太阳更加明亮了，空气越发新鲜了，仿佛一切事物都比过去更加可爱了。

58. **A** 听了妈妈的话，使她感到又惭愧又难过，不禁掉起眼泪来。

B 四世同堂，也就是说，老老少少四代人在一个大家庭里共同生活。

C 这个房间不大，收拾得非常干净，可以看出主人很勤快，并且做事很认真。

D 老作家认为，文学作品要反映时代的生活、体现时代的特点、具有时代的精神，也就是说，文学作品要跟上时代的步伐。

59. **A** 不管我们之间不能说话，但是在很长的一段时间里，我们却心心相通。

B 当你有很多机会时，你也许会与成功擦肩而过，因为在很多时间里你都在犹豫。

C 场内乐声悠扬，掌声不断，学校女教师们用各种方式庆祝国际劳动妇女节100周年。

D 童话最大的特点是使用丰富的想象力，使动物和植物都拥有了人的感情，很容易让儿童接受。

60. **A** 金色的光芒洒在小女孩儿的身上，似乎要给小女孩儿一些温暖。

B 我碰到了一个男孩儿，他就是我们系的，而且我以前给他借过钱。

C 青海玉树地震牵动着所有人的心，艺人们也纷纷以自己的方式支持灾区的救援工作。

D 当您走进故宫的时候，一定会为它建筑的精美而赞叹，而连接各宫殿的御路同样引人注目。

第二部分

第 61–70 题：选词填空。

61. 大学毕业后，李玲的工作已经分配好了，是到一所大学做会计工作。______当时的她，并不想______这条路。平时听话的她不顾母亲的______，去了一家广播电台工作。

A 然而　选择　劝阻　　B 可是　选举　批评
C 不过　从事　辅导　　D 但是　挑选　领导

62. 今天一大早，天空便阴沉______，淅沥的小雨和隆隆的雷声宣告了今年雷雨季节的______。记者上午 10 时从市气象台获悉，本次降雨在傍晚______便会渐渐停歇。

A 上去　光顾　上下　　B 起来　访问　左右
C 下来　来临　前后　　D 过去　到来　早晚

63. 柳宗元被贬到永州之后，虽然身处逆境，但______十分关注民生疾苦。______的《捕蛇者说》一文，就是他______思想心境的见证。

A 依然　著名　当时　　B 照旧　著作　现今
C 按照　闻名　此间　　D 只好　大作　此时

64. 作为以学习汉语的外国人为读者对象的出版社，我们的出版______是明确的：真诚地______读者、贴近读者，______地为提高大家的汉语水平服务。希望大家能积极地______其中，并提出宝贵______。

A 目的　出版　津津有味　介入　想法
B 政策　服务　诚心诚意　加入　建议
C 目标　面向　全心全意　参与　意见
D 方针　对待　精益求精　参加　主张

65. 论文就是探讨科学问题、进行科学研究的______，可以______一个人的学术水平和创新能力。可是如今许多人却把论文视做一种明码标价、公开买卖的______，更有些人把论文代写、代发当做一种谋取钱财的______。

A 手段　反映　商品　途径　　B 目的　体现　礼物　道路
C 表现　表达　工具　渠道　　D 标准　证明　事物　办法

66. 4月份开始，本市不少低密度楼盘投放市场，______包括洋房和类洋房。"类洋房"这个______的名词，主要指具备洋房特征的低层楼盘，这种楼盘同样______密度低、舒适度高这一特点，______成为市民选房的新宠。

A 中间　鲜艳　愉快　缓慢　　B 期间　陌生　丰富　赶紧
C 其中　新鲜　具备　逐渐　　D 里面　生动　满意　逐步

67. 上海世博会的世界各国展馆______没有设计餐饮功能，但是，世界各地的参展者们很快发现，美食也是传播文化的重要______。于是，在很短的时间里，各具______的餐厅就在各国家馆里如雨后春笋般冒了______，俨然成为了上海世博园里最"诱人"的一______风景线。

A 起初　样子　颜色　起来　张　　B 原来　方式　小吃　上来　片
C 本来　途径　特色　出来　道　　D 首先　道路　风味　过去　条

68. "茶叶越新鲜越好"的______是一种误解，并不是______的茶叶都是越新鲜越好，普洱茶、黑茶就是越陈越好，______追求新鲜的茶叶则为绿茶。但______是绿茶，也并非需要新鲜到现采现喝。

A 理论　一切　却　如果　　B 观点　所有　而　即使
C 意见　全部　但　哪怕　　D 理念　整体　则　尽管

69. 世博会开幕后，每天都迎来数以十万计的客流。而在______参观者人群中，孩子们的身影十分惹人______。孩子们喜欢哪些展馆？在他们的眼______，世博会又是什么样子的？笔者在世博会园区采访了多位小观众，______了他们的喜好和评论。

A 一些　嘱咐　外　告诉　　B 大多　关注　下　吸收
C 许多　注视　上　听说　　D 众多　注目　中　倾听

70. 对于一个健康人来说，大可不必______拘泥自己的睡眠姿势，因为一夜之间，人______不能保持一个固定的姿势睡到天明，绝大多数人是在不断______着睡觉的姿势，______更有利于______疲劳。

A 过分　往往　变换　这样　解除
B 非常　常常　改变　这么　消灭
C 特别　一定　变化　那样　打扫
D 特殊　肯定　改进　哪里　减少

第三部分

第 71–80 题：选句填空。

71–75.

眼看着都奔三十的人了，我却依然是个孤家寡人。半年前，单位招聘了一批新员工，我暗暗喜欢上了一个叫小娟的女孩。小娟长得并不是很漂亮，但是性格开朗，善良热情。可是由于我生性内向，一直没敢向她表白。

愚人节那天一上班，我就找到王姐，请她帮个忙。听完我的来意，王姐说："小王，你放心，(71)＿＿＿＿＿＿。"

快下班时，王姐建议说，大家好久没一块儿娱乐了，趁着今天愚人节，下班后一起去 KTV 唱歌吧。同事们都表示同意。

当现场气氛高涨起来后，王姐突然夺过麦克风，模仿着主持人的语调说："各位女士先生，现在，我有一个重大的秘密要透露给大家。"我的心紧张得快要从嗓子眼儿跳出来了。王姐顿了顿，大声说道："那就是——我们单位的才子小王一直暗恋着美女小娟，(72)＿＿＿＿＿＿！"

同事们像发了疯似的欢呼，尖叫，鼓掌，而我却低着头不敢看任何人。旁边的同事忙推着我起哄："快过去呀，(73)＿＿＿＿＿＿！"在众人的注目下，我红着脸走到小娟面前，伸出手说："小娟，我愿意一生一世照顾你，(74)＿＿＿＿＿＿？"小娟犹豫了一下，羞涩地将手放进了我的手里。

唱完歌后，我送小娟回家。小娟问道："你怎么选择在愚人节这天向我表白啊？"我挠了挠头皮，说："小娟，(75)＿＿＿＿＿＿！在愚人节我当众向你表白，如果你接受我，那敢情好；万一你拒绝我，我大不了把它当做一个玩笑，这样也不会太失面子。"

小娟"扑哧"一声笑了，指着我的额头嗔怒道："我原本以为你是个老实人，没想到……不过，我原谅你了。"

A 去向小娟表白啊

B 这事包在我身上了

C 做我的女朋友好吗

D 我说了你可别生气啊

E 这是他亲口对我说的

76–80.

在一个大森林里，住着一只老虎，它每天在森林里捕捉各种野兽吃。有一天它遇到了一只狐狸，就一下子扑过去，(76)____________。狐狸不慌不忙地说："你等一等，你是不敢吃我的。你没听说吗？天帝派我来当百兽之王，(77)____________，天帝可不饶你！"

老虎看狐狸又瘦又小，不大相信它的话。可是听它这么大的口气，(78)____________。老虎犹豫不决的样子，早让狐狸看出来了。它冷笑一声，说："嘿嘿，你以为我是骗你吗？你要是不信，你看各种野兽见了我(79)____________？"

老虎对狐狸的话仍然半信半疑。它想："我可以看一看，要是不像它说的那样，我再吃它也来得及。"就说："好吧！"

于是狐狸在前头走，老虎紧紧地跟在后边。森林里大大小小的野兽看到狐狸后头跟着老虎，都吓得四散奔逃。

这时狐狸回过头来问老虎："这回你看到了吧，(80)____________？"老虎相信了狐狸的话，以为那些野兽真的是因为害怕狐狸才逃跑的。就这样，狐狸从老虎身边高高兴兴地走开了。

A 怎么样

B 你要是吃了我

C 想把它吃掉

D 又不敢不相信

E 有不害怕的吗

第四部分

第 81–100 题：请选出正确答案。

81–84.

爸爸妈妈又吵架了，最近他们总是吵架。妈妈抱怨说，爸爸对她不再像从前那样了，她用了一个词来形容爸爸目前的精神状态：麻木。

妈妈说，这种麻木已经到了令人难以忍受的程度了。妈妈没有继续说下去，我知道妈妈想说的是爸爸不再像从前那样关心她了，不再在意她穿什么衣服，每天做些什么。

爸爸起初还笑着，后来渐渐地有些不耐烦了，说："你又来了，我每天都有那么多的事情要处理，回到家里累得要死，还要听你唠叨。"

妈妈的脸色一下子就变了，说："我是不应该唠叨，我应该毫无怨言地伺候你，给你端茶倒水，给你做饭洗衣对不对？"

爸爸说："我可没那么说。"妈妈说："你是没那么说，你没敢那么说。"爸爸说："我不也洗衣服，我不也做饭？好像就你一个人干活儿似的！"妈妈哼了一声，说："你干那点儿活儿还好意思说？你出差一走就是一个多月，把整个家都丢给我一个人，你还好意思说？"爸爸生气了，砰地一声关上了门。

我知道，这样一来，妈妈会更生气的。每次爸爸关上门之后，妈妈都会好几天不跟爸爸说话。家里的气氛沉闷极了，我连大气都不敢喘，每天说话之前都要先看看妈妈的脸色，再看看爸爸的脸色，生怕又惹他们不高兴。

其实，我很想告诉妈妈，总这样和爸爸吵架也不是回事儿，这样，爸爸会真的被妈妈吵得越来越麻木的。最近经常是，妈妈一开始唠叨，爸爸就砰地一声关上门。说实在的，连我都对妈妈的唠叨感到有些烦了，可我是妈妈的女儿，总不能像爸爸那样砰地关上门吧？

我实在想告诉爸爸，妈妈的要求其实也不高，她只是希望爸爸能给她几句鼓励，几句安慰。可不知为什么，这几句话让爸爸说出口就这么难！他们也许都不愿失去"自尊"吧！

81. 妈妈为什么说爸爸麻木？

A 爸爸总在抱怨　　**B** 爸爸又和妈妈吵架了

C 爸爸每天回到家里累得要死　　**D** 爸爸不像从前那样关心妈妈了

82. 妈妈认为她应该怎样对待爸爸？

A 给爸爸端茶倒水　　**B** 给爸爸洗衣做饭

C 与爸爸共同承担家务　　**D** 任劳任怨地伺候爸爸

83. 爸爸为什么关上门？

A 爸爸想要干活儿　　**B** 爸爸要跟妈妈谈话

C 爸爸要处理事情了　　**D** 爸爸不想听妈妈唠叨

84. 妈妈和爸爸吵架的结果是什么？

A 爸爸会真的麻木了　　**B** 妈妈会得到满足

C 爸爸会开口安慰妈妈　　**D** 爸爸会真正关心妈妈

85–88.

父亲被矿上开除的那一天，我一个人去井口迎他，怀里揣着母亲给他做的午饭。那天中午，乌云压得很低，一场大雨欲下不下，就如同我忐忑不安的心情。我很快就从井口闲坐的人群中辨出了父亲，尽管他们每个人都被重重的煤灰遮蔽了面孔，但那个坐在一个箱子上，手里捧着书本正入神的人在我眼里是如此的标志化。

我走上前，将饭盒递给他，父亲沉默不语，顺手把书递给我，便开始吃午饭。吃罢，将空饭盒搁在身下的箱子上，从脚底牵起一根绳索，用力地向前扯动。随着父亲的拖动，箱子底部的两个轮子缓缓地滚动起来。我怯怯地跟过去，在后面推着箱子。我的心里难过极了，从此父亲不再是一个工人，母亲一直渴望的“农转非”的梦想亦将破灭，我也将与那些骄傲的工人家的孩子画上一道沟壑，成为被人嘲笑的另类。

大雨终于倾盆而下。父亲急匆匆地转过身，从包里扯出雨衣。我以为他要给我披上，却见他把雨衣盖到了箱子上面。我把小小的身躯躲在箱子后面，透过箱子的缝隙，我伤心地看到箱子里面是码得整整齐齐的书。这时，一辆煤车从身后风驰电掣般开过，溅起了路上的泥水，我小心地躲开了，却不想，泥水直接打到了箱子上。父亲慌忙跑过来，仔细检视箱子，随后给了呆立一旁的我一巴掌。

我终于受不了了，猛然间揣度出了那些书与自己在父亲心目中的分量。我撇下父亲和他的书，咆哮痛哭而去。从那时起，我与父亲的关系总是隔着那场大雨，尽管后来，父亲以他的稿费拯救了濒临困境的家庭，以他的稿费为我铺垫了一条曲折坎坷的人生之路。

许多年以后，当我亦成了父亲，一声不期而遇的惊雷猛然间击醒了我。记忆中那个沉默的父亲，带着他 8 岁的孩子，拖着一箱子书，艰难地走着。而他那未经世事的孩子，又如何能体味得出，他的父亲所奋力拖动的不只是书，还有整个家庭的希望与未来。

85. 在“我”眼里，父亲的标志化形象是什么样的？
A 满脸煤灰　**B** 拿镐挖煤　**C** 捧书细读　**D** 沉默不语

86. 父亲被矿上开除，最让“我”难过的是：
A 没钱再买书了　**B** 不能“农转非”
C 吃饭成了问题　**D** 不是工人子弟了

87. 大雨倾盆而下，父亲将雨衣盖到箱子上，“我”觉得怎样？
A 放心了　**B** 很失望　**C** 理所当然　**D** 不知所措

88. 父亲为什么给了“我”一巴掌？
A 父亲迁怒于“我”　**B** “我”没看管好书
C “我”的衣服湿透了　**D** “我”推车不够用力

89–92.

一个奇特有趣的商店招牌，往往是最好的广告。台北县芦州乡光华路有一家标明平价吃到饱的自助餐店，店名叫“蟾蜍治饿中心”。这个怪异的店名一打出，马上吸引了许多好奇的顾客。这个店的老板陈书瑜说，“蟾蜍”是他的绰号。二十年前，他从卖鱼改行开自助餐店，想取一个不落俗套的店名，于是就以自己的绰号为名称，并冠之为“治饿中心”，意思是顾客在他的店吃饭，绝对吃得饱。陈书瑜自封为“蟾蜍治饿中心主任”。

陈书瑜认为，奇怪的店名，虽然可以一时吸引顾客，但那只能满足顾客刹那的好奇心理。要把快餐店经营好，坚持薄利多销才是最重要的。小店开张以来，不管菜价怎么涨，他每份快餐的售价都没涨，而且餐盒里的食品从不偷工减料。他相信这样经营才能不断地拓展市场。目前，他一天可以卖出 700 多个快餐盒饭，甚至一些距离颇远的工厂，都打电话向他订购。

陈书瑜每天一早，就亲自驾车到台北市的批发市场买菜。这样可以降低成本，还可以确保蔬菜、鱼肉新鲜卫生。他说，他目前还没有涨价的打算，只要他的快餐盒饭销路愈来愈广，顾客的好评不断，他开店的最大目标和乐趣就达到了。

89. 陈书瑜是以什么新招吸引顾客的？

A 兼治奇怪病　　**B** 最好的广告

C 奇怪的店名　　**D** 不断地涨价

90. 陈书瑜认为经营好快餐店最重要的原则是什么？

A 偷工减料　　**B** 预订快餐

C 坚持薄利多销　　**D** 满足顾客的好奇心

91. 陈书瑜为什么每天自己驾车去批发市场买菜？

A 为开拓市场　　**B** 为降低成本

C 想锻炼身体　　**D** 他有早起的习惯

92. 陈书瑜开店的最大目标和乐趣是什么？

A 让顾客绝对吃饱　　**B** 快餐销路越来越广

C 确保蔬菜、鱼肉新鲜　　**D** 当蟾蜍治饿中心主任

93–96.

阳台上的双色杜鹃花开了。

妈妈提来喷壶，哼着歌给花浇水。她在看花儿的时候，眼里漾着笑，她相信花儿能读懂她这份好感，她还相信花儿在她的笑容里会开得更欢。

儿子也学着妈妈的样子，拎了喷壶来给花儿浇水。

一天，妈妈仔细端详她的花儿，发现植株的旁侧生着几株茁壮的杂草。她笑了，在心里对那杂草说："几天没搭理你们，偷偷长这么高了？想跟我的杜鹃抢春光，你们的资质差了点儿！"这样想着，俯下身子，拔除了那杂草。

儿子回到家来，兴冲冲地拎了喷壶，又要给花儿浇水。但当他跑到阳台时，却忍不住哭叫起来："妈妈，妈妈，我的花儿哪儿去了？"

听到哭闹，妈妈一愣，心想莫非杜鹃插翅飞走了？待她跑过来，却发现杜鹃举着笑脸，开得好好的。于是妈妈说："儿子，这花儿不是在这儿吗？""那是你的花儿！我的花儿没有了！"妈妈见儿子绝望地指着原先长草的地方，顿时就明白了，说："儿子，那哪是花儿呀？那是草，是妨碍花儿生长的杂草！妈妈把它拔掉了。"

不料儿子却说："我天天浇我的花儿，它都开了两朵了！"

妈妈疑惑地把那几株杂草从垃圾桶里翻拣出来，发现那蔫蔫的叫不上名的植物确实开着两朵比叶片颜色稍浅的绿色小花儿。妈妈心想：原来这样不起眼的植物在孩子心中也是花儿，我怎么没有意识到呢？她的心温柔地动了一下，俯下身抱起了孩子。

"对不起，妈妈不该拔掉你的花儿。儿子，你真可爱！妈妈要替这两朵小小的花儿好好谢谢你，谢谢你眼里有它们，谢谢你一直为它们浇水；妈妈还要替妈妈的花儿谢谢你，因为在为你的小花儿浇水的时候，妈妈的花儿也沾了光！"

后来，妈妈惊讶地发现，这个世界上被忽略的花儿可真多！

93. 妈妈最初对儿子的"花儿"态度怎样？

A 肯定　　**B** 否定　　**C** 承认　　**D** 接受

94. 妈妈最后对儿子的"花儿"态度怎样？

A 尊重　　**B** 轻视　　**C** 反对　　**D** 怀疑

95. 下面哪项对"她的心温柔地动了一下"的解释是正确的？

A 她觉得儿子太幼稚了　　**B** 她想给儿子买一盆花

C 她被儿子的话感动了　　**D** 她盼望儿子快快长大

96. 下面哪项最适合做本文题目？

A 杜鹃　　**B** 浇花　　**C** 花园　　**D** 阳台

97–100.

故宫有四个城角，在每一个角上都有一座九梁十八柱七十二条脊的角楼，建造得十分引人注目。

因为北京是明朝永乐皇帝朱棣做燕王的时候住的地方，所以他在南京做了皇帝以后，就想迁都北京，于是就派了亲信大臣到北京盖皇宫。朱棣告诉这个大臣：要在皇宫外墙——紫禁城的四个犄角上，盖四座样子特别美丽的角楼，每座角楼要有九梁十八柱七十二条脊，并且命他做管工大臣。管工大臣领了皇帝的谕旨后，心里非常发愁，不知如何盖这九梁十八柱七十二条脊的角楼。

管工大臣到了北京以后，就把一些工头、木匠叫来，跟他们说了皇帝的旨意，限期三个月，并且说："如果盖不成，皇帝自然要杀我的头。可是在没杀我的头之前，我就先把你们的头砍了，所以当心你们的脑袋！"工头和木匠们对这样的工程都没把握，只好常常在一块儿琢磨法子。

一转眼一个月过去了，工头和木匠们还没想出一点儿办法来。这时候，正赶上七八月的三伏天气，热得人喘不上气来。有这么一位木匠师傅，实在待不住了，就上大街闲逛去了。

走着走着，听见老远传来卖蝈蝈的吆喝声。走近一看，是一个老头儿挑着许多秫秸棍编的蝈蝈笼子，在沿街叫卖。其中有一个细秫秸棍编的蝈蝈笼子，精巧得跟画里的楼阁一样，木匠师傅就买了下来。这样，可以挂在工地上解解闷。

这个木匠提着蝈蝈笼子，回到了工地。另一个木匠下意识地看了一眼这个笼子，觉得这个笼子有点儿特别。他好奇地数着蝈蝈笼子的梁啊、柱啊、脊啊，一遍又一遍，最后蹦起来一拍大腿说："这不正是九梁十八柱七十二脊嘛！"大伙儿一听都高兴极了。这个接过笼子数数，那个也接过笼子数数，都说："真是九梁十八柱七十二条脊的楼阁啊！"大伙儿受这个笼子的启发，琢磨出了紫禁城角楼的样子，烫出纸浆做出样型，最后修成了到现在还存在的角楼。

97. 皇帝朱棣为什么要让那个大臣建角楼？
A 因信任他　　**B** 为惩罚他　　**C** 想考验他　　**D** 想难为他

98. 管工大臣用什么方法让大家完成任务？
A 哄骗　　**B** 威胁　　**C** 笼络　　**D** 奖励

99. 木匠逛街时为什么要买个蝈蝈笼子？
A 为保护蝈蝈　　**B** 作盖楼参考　　**C** 看着它解闷　　**D** 为讨好大家

100. 角楼的设计者是谁？
A 两位木匠　　**B** 全体工匠们　　**C** 工地的工头　　**D** 派去的大臣

阅读专项训练（三）参考答案

第一部分

51. A	52. A	53. A	54. D	55. B
56. B	57. A	58. A	59. A	60. B

第二部分

61. A	62. C	63. A	64. C	65. A
66. C	67. C	68. B	69. D	70. A

第三部分

71. B	72. E	73. A	74. C	75. D
76. C	77. B	78. D	79. E	80. A

第四部分

81. D	82. C	83. D	84. A	85. C
86. D	87. B	88. B	89. C	90. C
91. B	92. B	93. B	94. A	95. C
96. B	97. A	98. B	99. C	100. B

阅读专项训练（三）答案详解

第一部分

51. A 项中说“获得了奖学金”是对的，但不能说“获得……优秀学生干部”，应该说“获得……优秀学生干部的称号”。

52. A 项是一个比较句，从句子的结构来看，应该用“比…… + 形容词 + 得多”的句式，但原句中将“比”用成了“和”。

53. A 项中的“鼓掌起来”应改为“鼓起掌来”。“鼓掌”是离合动词，“起来”是趋向补语，“起”要放在“鼓掌”这类离合动词的中间。

54. D 项中“一些帝王们”有错误。指人的名词后如果加“们”前面就不能有表示数量的修饰成分。

55. B 项中的“一点儿暖和”应改为“暖和一点儿”。

56. B 项中的“真有汉语水平的人”，应该改为“汉语水平高的人”。

57. A 项中的“支持……这句话”，应该改为“赞同……这句话”。

58. A 项中的“使”应去掉，让“她”来做主语。

59. A 项中的“不管”用错了。根据句意应该用表示转折关系的关联词语，可改为“尽管”或“虽然”。

60. B 项中的介词用错了。这里的“给”应改成“向”。

第二部分

61. 从第一个空来看，根据这段话的意思，A、B、C、D 中的四个词都能填入，因为这四个词都表示转折关系；再看第二个空，可填入的有“选择”、“挑选”，排除了 B、C 两项；最后看第三个空，A 项中的“劝阻”可填入，排除了 D 项。所以 A 项是正确答案。

62. 从第一个空来看，可填入“起来”、“下来”，因为“起来”是说天空开始阴沉，“下来”是说天空自上而下的变化，排除了 A、D 两项；再看第二个空，可填入“来临”，排除了 B 项。所以 C 项是正确答案。

63. 从第一个空来看，填入“依然”、“照旧”都符合句子的意思，排除了 C、D 两项；再看第二个空，A 项中的“著名”是个形容词，能填入，而 B 项中的“著作”是一个名词，一般不能跟“非常”搭配，排除了 B 项。所以 A 项是正确答案。

64. 从第一个空来看，可填入“目标”、“目的”、“方针”，排除了 B 项；再看第二个空，C 项中的“面向”能填入，排除了 A、D 两项。所以 C 项是正确答案。

65. 从第一个空来看，只有“手段”能填入，因为“手段”一词的意思是“为达到某种目的而使用的方法”;而“目的”、“表现”、“标准”都没有这种意思,应该排除。所以 A 项是正确答案。

66. 从第一个空来看,填入“其中”是最佳选择,因为“其中”是“那里面”的意思,这正是这个句子要表达的意思;而“中间”、“期间”、“里面”都没有这个意思,应该排除。所以 C 项是正确答案。

67. 从第一个空来看,可填入“起初”、“原来”、“本来”三个词,因为它们都有“最初”、“开始”的意思,排除了 D 项;再看第二个空,可填入“方式”、“途径”,排除了 A 项;最后看第三个空,能填入 C 项中的“特色”,又排除了 B 项。所以 C 项是正确答案。

68. 从第一个空来看,填入“观点”是最佳选择,因为“茶叶越新鲜越好”只是一种看法;而“理论”、“意见”、“理念”都没有看法的意思,应该排除。所以 B 项是正确答案。

69. 从第一个空来看,四个词都可填入;再看第二个空,只能填入“注目”一词,因为“注目”的意思是“把视线集中在一点上”,而其他三词都不符合这里的意思,应该排除掉。所以 D 项是正确答案。

70. 从第一个空来看,可填入“过分”、“非常”、“特别”,排除了 D 项;再看第二个空,可填入“往往”、“常常”、“一定”;从第三个空看,可填入“变换”、“改变”、“变化”;从第四个空看,可填入“这样”、“那样”,排除了 B 项;从第五个空看,A 项中的“解除”可填入,又排除了 C 项。所以 A 项是正确答案。

新汉语水平考试

HSK（六级）

阅读专项训练

（四）

阅 读

第一部分

第 51–60 题：请选出有语病的一项。

51. A 在现代社会，谁都很忙极了，不能休息。
    B 讲相貌，她是我们这儿最漂亮的姑娘，可惜的是学历太低了。
    C 要不是火车晚点了，五点，不，或许四点，我们就早已经到家了。
    D 千万不要以为考上大学就万事大吉了，还得继续努力学习才能拿到大学毕业证书。

52. A 随着现代社会经济水平的提高，人们的生活水平也提高得多。
    B 妻子每次出门前总是又换衣服又化妆，慢极了，我等得特别着急。
    C 那个作家每天只知道一心一意地爬格子，从来不关心孩子的教育问题。
    D 我的朋友十分热情好客，昨天我们去她家，她做了一桌子好吃的招待我们。

53. A 中国人问你去哪儿，是在跟你打招呼，不是在打听你的隐私，所以不要生气。
    B 对这次应聘，我并没有什么把握，因为和其他报名者相比，我毫无优势可言。
    C 虽然到月球上安家在现在看来难以想象，但总有一天会成为现实。
    D 我代表凡是今年毕业的外国留学生向各位老师表示衷心的感谢。

54. A 你有什么不称心的事儿就说出来，别老闷在心里，时间长了会闷出病的。
    B 今天小张的嘴上是不是抹了什么蜜，怎么说出的话这么甜啊？
    C 吃饭时，我猛然想起答应过爱玲的事，忙放下饭碗出来了。
    D 不管今天怎么再忙，我也要把这个材料看完。

55. A 我去说，她不同意，你一去她就同意了，看来还是你的面子大。
    B 她把一束鲜花放在桌子上，也准备了丰盛的宴席，就等客人来了。
    C 她刚才还有说有笑的，突然间就换了一副面孔，真让人琢磨不透。
    D 她虽然是一个渺小的人物，但她却用自己的行动证明了小人物也可以干大事。

56. A 这孩子嘴真甜，一口一个叔叔，叫得我都不好意思了。
    B 昨天我过生日，我专门邀请的玖玲有事没能来，却我没邀请的来了一屋子。
    C 你作为经理，知道双方有了矛盾，应该想办法从中调和，而不应该任其发展。
    D 他们虽然国籍不同，但到这里来的目的却相同，都是为了学习汉语和了解中国文化。

57. A 本事不是天生的，要靠学习，难道这道理还要我来讲呢？
B 他虽然没有什么钱，但很有知识、有思想，是一位精神贵族。
C 植物生长的必要条件是阳光、土壤和水分，这三个条件是缺一不可的。
D 天气预报说今天有雨，果然吃过午饭，天就阴了，一会儿就下起了暴雨。

58. A 天津的变化给我留下了深刻的印象，经济发展很快，文化内涵丰富，是未来最闪光的城市之一。
B 安娜在新汉语水平考试中通过了6级，她的汉语水平是一点一点积累起来的。
C 洞庭东山是太湖中的一个半岛，它不仅是著名的游览胜地，而且还是有名的花果之乡。
D 丰子恺先生在《我的母亲》一文中，抒写了从母亲身上感受到的慈爱，表达了对那份永远温馨的母爱的怀念之情。

59. A 在我最需要帮助的时候，你却离开了我，我白交了你这个朋友！
B 虽然出了些小问题，但从总的方面来看，今晚的晚会还是非常成功的。
C 这些都是以前二十年的事了，可是现在回忆起来，还像刚刚发生的一样。
D 现在工作节奏这么快，连休闲的时间都没有，于是我的一个朋友开玩笑说："不光赚钱难，花钱也不容易呀！"

60. A "五一"节前后到黄山旅游的人很多，我们这个时候去，恐怕住不上宾馆。
B 他的看法是对的，只是不太注意说话的方式，所以大家在感情上接受不了。
C 他总是注意我做错了什么，很少看到我做对了什么，他对我的看法经常是不全面的。
D 这些老教师年纪都大了，身体又不好，我们这些青年教师应该主动关怀他们的生活。

第二部分

第 61–70 题：选词填空。

61. “五一”被瘦身以后，虽然假期______7 天变成了 3 天，不过大家出游的______仍然高涨。不少旅行社对今年“五一”小长假都作了充分的准备，推出不少好玩儿的线路______游客选择。

A 由　热情　供　　B 从　兴奋　请
C 把　盼望　给　　D 在　兴趣　需

62. 喝起来口感与普通啤酒不相______，口味上______没有了啤酒的苦涩，______多了一点儿清新的水果味道，这就是______颇受年轻人欢迎的“果汁啤酒”。

A 前后　但　可是　目前　　B 上下　却　而是　时下
C 左右　而　所以　顿时　　D 好坏　还　而且　刚才

63. ______每一个参加“关闭电视周”的家庭都发现，在没有电视的日子里，孩子们的生活更加______，家庭成员之间的关系更为______。

A 简直　万紫千红　开心　　B 几乎　丰富多彩　融洽
C 好像　日新月异　愉快　　D 大都　千山万水　密切

64. 本文反映了独生子女的教育问题，______了作者渴望自立自强却脱离不了父母的羽翼的______，主题______现实意义。文章内容______，过渡自然，语言亲切，句子______。

A 议论　烦恼　含有　充满　语法
B 叙述　困难　具有　圆满　精巧
C 解释　艰苦　拥有　充分　舒服
D 表现　苦恼　富有　充实　流畅

65. 有些人感冒时喜欢______服用两种______更多的感冒药或抗生素，______这样更有利于治疗。其实，这样服用感冒药可能对病人的肝脏______严重损害。

A 并且　简直　考虑　形成　　B 同样　反而　认为　影响
C 同时　甚至　以为　造成　　D 一起　再说　商量　制造

66. 随着天气逐渐炎热______,夜晚经济成了这个大商贸街的亮点。日前,位于鼓楼南街的鼓楼海鲜夜市正式开张纳客。该海鲜夜市可______容纳千余人用餐,营业时间从 18 时至 23 时,为更多夜晚出行的游客提供了大饱口福的______。

A 下去　霎时　条件　　**B** 上来　顿时　时光

C 过来　一共　机会　　**D** 起来　同时　良机

67. 王女士因为工作成绩突出______受到老板的重视升了职,______她的丈夫陈先生却是喜忧交加,喜的是妻子工作前景______,忧的是妻子身体不佳,工作压力会______妻子的身体健康。

A 又　所以　光明　制造　　**B** 而　但是　看好　影响

C 仍　不过　漂亮　打击　　**D** 跟　然而　美妙　攻打

68. 许多做母亲的并没有意识______她们正在采用一种危险的做法:______用自然的喂养方式——哺乳,______用辅助食品,______奶粉、米粉来喂养孩子。

A 到　不是　而是　如　　**B** 在　如果　那么　有

C 向　固然　但是　还　　**D** 自　与其　不如　像

69. 秋天的主要气候______是干燥。人体和空气一样______水分,为此,我们______经常给自己补充水分,______缓解干燥气候对人体的伤害。

A 地方　缺乏　应该　使　　**B** 特色　欠缺　必要　好

C 特点　缺少　必须　以　　**D** 特性　缺损　必然　来

70. 中国是一个多民族的国家,许多少数民族有不同的宗教______和习俗忌讳。俗话说"______",当你进入少数民族聚居区旅游时,要______他们的传统习俗和生活中的禁忌,切不可______礼俗或由于行动上的不慎而伤害他们的民族自尊心。

A 信念　遵纪守法　遵守　蔑视　　**B** 信任　循序渐进　服从　轻视

C 理念　随时随地　尊敬　漠视　　**D** 信仰　入乡随俗　尊重　忽视

第三部分

第 71-80 题：选句填空。

71-75.

早年，有父子俩开了间小茶馆。虽说门面不大，可是由于店主热情和气、诚恳实在，(71)__________，开门早、收摊儿晚，小茶馆越办越兴旺。

知县白老爷是个贪财好利的官儿，整天不掏钱的大鱼大肉吃够了，(72)__________。他一个人占一张桌子，骂骂咧咧不说，还得来点儿花生米、豆腐干什么的。茶喝够了就扬长而去。

白老爷天天来白喝，这父子俩可怎么受得了啊！可是却又惹不起他，(73)__________。

不久，小茶馆的老掌柜病倒了，便让儿子来经营，应付生意。

这几天，白老爷一端起茶杯，就龇牙皱眉吧嗒嘴，说："这水也没开，茶也没味儿。"

小掌柜说："老爷，茶，还是天天为您准备的上等龙井；水，还是扑腾扑腾泛沸花的开水，(74)__________？"

过了几天，白老爷来得少了；又过了几天，白老爷渐渐不来了。小茶馆又恢复了往日的兴旺。

老掌柜病愈后，便问儿子："白老爷为什么不来了？"儿子机灵地一笑，说："我给他沏茶，(75)__________！"

从那时候起，这个故事就跟这句话一样，四下传开了，越传越远。

A 加上水沸杯净

B 只好忍气吞声

C 怎么能没味儿呢

D 是哪壶不开提哪壶

E 便到小茶馆来喝茶

76–80.

自从我家对面那家大超市开业以后，妻子就变成了一个购物狂。要买东西，去超市；闲得无聊，去超市；心情不好，也去超市。(76)__________。

妻子进超市，一会儿半会儿是出不来的。那五花八门的商品，会使她心甘情愿地掏空自己的钱包。“瞧，这东西才几块钱。”丢到小推车里。“嘻，这玩意儿有点儿味道。”也丢到小推车里。“哇，多新鲜的水果！称几斤吧。”(77)“__________，反正用得着，拿去吧。”……不知不觉中，个把小时就过去了，而推车已被装得满满的了。

妻子第一次逛超市时，看着推车里那几块钱、十几块钱一件的小玩意儿，心想这要不了几个钱，于是满不在乎地排队交钱。收银小姐麻利地给商品照条码，然后就报出一个令人吃惊的数目，妻子便嘟囔：“怎么几块钱的东西加起来竟有三四百元了呢？没算错吧？”但她又怕人笑话自己小气，(78)__________。拿到购物清单后，她心里依然不踏实，边走边算，搞了半天终于算出来了：没错，就这么多。

东西拎回家后，妻子细细一看，竟找不出几件家中急需的，大多是些可有可无的物品，(79)__________，说：“下次可不去了，去了也不乱买东西。”

但没过几天，妻子又去了，花了几百元，满载而归。

从此，妻子与超市建立了深厚的感情，每隔几天，必去一次。后来她要把我拉上，去做她并不坚强的经济后盾。最初我并不惧怕逛超市，甚至还有点儿喜欢，但逛的次数一多，随着我那并不厚实的钱包日渐消瘦，(80)__________——这样下去，恐怕会入不敷出的。

A 便逛出了担忧

B 只得赶紧付款

C 她就有些后悔了

D 这个东西家里倒是还有

E 好像那超市是我家的后花园

第四部分

第 81-100 题：请选出正确答案。

81-84.

徐绮是四川大学中文系的学生，她觉得读本科时因为没有进入自己梦寐以求的法律系而白白荒废了四年，到毕业后还想考法学硕士，于是便收拾好行李，找到在北京工作的男朋友，一起在北京漂着。

两次考研失败后，徐绮觉得自己再没有理由不出来工作了。无奈之下，她去了一家出版公司当文字编辑。公司其实就是一个夫妻店，老总夫妇都是在北京打拼了快十年的四川人，不改乡音乡情，每场招聘会都会领回几个四川的"北漂"，整个公司简直就是一个小型的四川同乡会，徐绮是唯一的浙江人。回忆起那份工作，虽然在北京，但是办公室里的通用语言是地道的四川方言。公司聚餐不是重庆火锅就是麻辣烫，加班时候的外卖也都是成都小吃担担面。更大的困惑来自跟同事的性格差异。宁波女孩儿徐绮心思细腻，和公司里热情的川妹子不一样，徐绮很少谈到自己的隐私，从不邀请同事来家里做客。坐在徐绮对面的吴玲是个地地道道的川妹子，她跟徐绮无话不谈。

热闹的日子一天天地过着，徐绮试着和爽朗的四川人做好朋友。有一天，徐绮穿了一件从小店买来的外贸小西服。一到公司，吴玲就夸奖这件衣服不错，她从对面蹦过来，手伸进徐绮衣服的后领，一把扯出了领标："哇塞！是名牌吧？好几千吧？你男朋友给你买的吧？他真有钱。"顿时，办公室里围上来一群嘻嘻哈哈的女同事。徐绮的脸腾地红了，一时什么话都说不出来。那一瞬间，她下定决心，编完手上的书，一定要离开。

离开公司的时候，吴玲依依不舍，徐绮的眼睛也湿润了："每个公司都有自己的氛围，不是这里不好，只是真的不适合我。"

81. 徐绮对自己的大学生活有什么看法？
   A 丰富多彩　**B** 学习紧张　**C** 充满梦想　**D** 浪费时间

82. 徐绮做编辑的那家公司最大的特点是：
   A 业务量大需要经常加班　**B** 老板爱带员工出去聚餐
   C 人员大都来自一个省份　**D** 老板规定都得说四川话

83. 徐绮的性格特点是什么？
   A 疑心较重　**B** 内向细心　**C** 爽朗大方　**D** 大大咧咧

84. 徐绮离开公司最重要的原因是什么？
   A 性格上难以适应　**B** 工资待遇实在差
   C 吴玲总是讽刺她　**D** 老板总是批评她

85–88.

在干旱贫瘠的澳大利亚内陆大草原上，牧民们家家户户都要驯养家狗，用来看家护院、保卫牧场、防范野兽的侵袭。这里的家狗很通人性，能服从主人的指令，遵守主人的规矩，因此赢得人们的喜爱，人们都把它们当做自己的家庭成员。

而在大草原深处，还栖息着一种野狗，它们凶残、贪婪、狡猾、狠毒，经常集群掠食野兽和家畜。据说澳大利亚十多种小型有袋类动物的灭绝都与其有关，甚至连猎人也不敢单枪匹马与其对峙。人们对这种居于当地食物链顶端的动物又是害怕又是憎恨，所以只要有机会就捕杀它们。

有趣的是，科学家发现，尽管这里的家狗与野狗生活习性大相径庭，但无论从体形、外貌还是毛色来看都别无二致。通过进一步的生物遗传学分析，它们的DNA特征也几乎相同。可以肯定的是，家狗与野狗都是出自同一祖先，而且分化的历史顶多也就三四百年。科学家们又查阅了大量的历史文献，走访了众多的当地居民，终于得出结论：三百多年前，欧洲殖民者霍华德带着几条狗来到这里垦荒放牧，数年后主人去世了，这些狗一下子失去了食物保障，于是一部分投奔邻居成了现在的家狗，而剩下的则流浪荒野演化成如今的野狗。

既然有这么近的血缘关系，那么为什么会产生如此大的差异呢？科学家们认为，家狗接受人们提供的食宿，知道知恩图报，用忠诚的行动维护着主人的利益，用报恩的心态感谢主人的情义，决不背叛自己的主人。

可是野狗就自私得厉害，它们自由散漫，吃不得一点儿亏，可以为了一块腐肉自相残杀，可以为了小小的委屈离开朋友，内心在放荡不羁中逐渐恢复了它们最早的祖先——狼的本性。

家狗在付出的同时，也得到了人们的尊重和爱护，在美食和温暖中兴旺发达；野狗在攫取的同时，却惹来了人们的愤怒和报复，在饥饿和枪弹中苟延残喘。它们的学名叫做澳洲野犬。

85. 当地牧民对澳洲野犬的态度是什么？

A 想法保护　　**B** 又怕又恨　　**C** 驯养它们　　**D** 利用它们

86. 关于澳洲野狗，下面哪项描述不正确？

A 经常成群掠食家畜　　**B** 它们与家狗同根同源

C 它们的付出受人尊重　　**D** 体形外貌与家狗一样

87. 澳洲野狗和当地的家狗是什么时候开始分化的？

A 自原始主人死亡之后　　**B** 自这里出现牧场之后

C 在一些动物灭绝之后　　**D** 一次气候大变迁之后

88. 是什么原因造就了澳洲野犬凶残、贪婪、狡猾、狠毒的性格？

A 家狗欺负它们　　**B** 学习狼的结果

C 自身的DNA　　**D** 艰苦的生存环境

89–92.

有一个女孩儿，大学刚毕业就到一家贸易公司应聘会计工作，结果在资格审查的时候就遭到了拒绝，原因是她没有工作经验。经过再三请求，女孩儿才勉强获得了笔试的机会。结果她以最优秀的成绩进入了面试。一个刚踏上社会的大学生有如此的勇气，实在不简单。

面试的时候，总经理对女孩儿挺有好感的。不过，当听到女孩儿说她自己没有任何工作经验时，总经理感到有些失望。面试结束后，总经理对女孩儿说："有消息我会打电话与你联络的。"女孩儿点点头，接着从口袋里掏出两块钱双手递给经理："不管是否录取我，麻烦您都给我打个电话。"

总经理顿时一愣，对这位女孩儿的兴趣更浓了。"没被录取，为什么还需要给你打电话呢？""我想知道我在哪方面不够好，我要改进。""那两块钱……？"女孩儿微笑着说："给一个没被录取的人打电话不属于公司的正常开支，所以由我付电话费。"总经理也微笑着说道："我不会打电话了，我现在就正式通知你，你被录取了。"

就这样，女孩儿用两块钱敲开了命运的大门。道理很清楚：一开始便被拒绝，但仍要求参加笔试，说明她坚定、有毅力。能承认自己没有工作经验的事实，表明她诚实。不被录取，仍希望得到别人的评价，说明她具有强烈的责任心和面对不足的勇气。自掏电话费，反映出她公私分明的良好品德。这样良好的素质和高尚的品德恰恰都是会计工作不可缺少的，它们比经验更重要！

89. 女孩儿在资格审查时遭到拒绝后是怎么做的？

A 她没有信心了　　**B** 她想找单位去实习
C 她打算去做临时工　　**D** 她再三请求参加笔试

90. 女孩儿为什么请求总经理给她打电话？

A 她想知道面试结果　　**B** 她想了解自己的排名情况
C 她想知道别人对她的评价　　**D** 她想请总经理照顾照顾她

91. 女孩儿为什么要自付电话费？

A 这是招聘广告上的规定　　**B** 她想给总经理一个好印象
C 她怕总经理不给她打电话　　**D** 给未被录取者打电话是私事

92. 下面哪项最适合做本文题目？

A 总经理受骗记　　**B** 女大学生行贿
C 这次招聘不公平　　**D** 两块钱的"敲门砖"

93–96.

驾驶理论考试,我考了三次才通过,其中的经验教训,值得与大家分享。

每年的12月31日，我都会计划一件下一年比较有意义的事情。今年的这一天,我到驾校报了名。我做出这个选择的原因只有一个,因为元旦后我将要到《汽车导报》杂志社工作,我想会开车应该是在这个杂志社工作的基本技能。交钱后工作人员给了我一本《驾驶理论》,并对我说,考试内容都在上面,好好复习,90分就算通过。

第一次考试前,我将书从头至尾飞速翻了一遍,心想:这还用看?闭着眼睛也能考90分。结果第一次考试考了个88分,没通过。

第二次考试,我接受了第一次考试的教训,准备好好看书,并要求驾校工作人员考试前一个星期通知我。我怕看早了,到考试时忘记了。结果到了考试前一天,工作人员很歉疚地告诉我,关于提前一个星期的事忘记了,第二天就要考试,也就是我只有一个晚上的复习时间。没办法,我又怀着一种侥幸的心理赶赴考场,结果又是一个88分,没通过。

此后,我深刻反思了自己两次考试没通过的原因,并认真通读了一遍交通法。这使我认识到,只有熟知了交通、驾驶理论,才能安全驾驶,安全出行。于是,我每天下班后就捧着《驾驶理论》熟读熟记,绝不偷懒。第三次考试,我信心十足地走进考场,认真作答。用了不到20分钟的时间,我就很有把握地交了试卷。

在电脑出现“恭喜得了100分”那一刻,我心里说:应该的,不需要恭喜。其他考试可以不得100分,驾驶理论考试一定要得100分,因为这是为生命考试——为其他人的生命,也为自己的生命。

93. “我”第一次考驾驶理论,为什么没通过?

A 思想轻视　　**B** 题目太难　　**C** 没睁眼睛　　**D** 书没看完

94. “我”第二次考驾驶理论,为什么又没通过?

A 考试时间长　**B** 复习不充分　**C** 看后全忘了　**D** 书外考题多

95. “我”第三次进考场是什么心态?

A 很没面子　　**B** 诚惶诚恐　　**C** 害怕失败　　**D** 很有信心

96. 下面哪项最适合做本文题目?

A 为工作而考　　**B** 为生命考试

C 我通过了考试　　**D** 我考驾驶执照

97–100.

美国有一对爱得死去活来的夫妻，堪称恩爱到极致。丈夫叫费达斯顿，三十九岁，忠厚痴情，爱妻如命。他是酿酒工，自己却滴酒不沾，省下钱来给妻子治好了肾病。一个仲夏黄昏，葡萄园里下起了雷阵雨，电闪雷鸣，暴雨倾盆而至。突然，一个闪电霹雳从天而降，丈夫为保护妻子，一个箭步把妻子按倒。雷电从丈夫的脚后跟入地，丈夫双腿被雷击断，而妻子却安然无恙。妻子把丈夫抱起，在风雨中仰天大叫："上帝呀！为什么这样不公平？为什么要折磨我亲爱的丈夫？……"丈夫被送到医院，在临终前对妻子说："我爱你！为了你，值得！"接着非常艰难地歪歪斜斜地写了几行字，交给妻子说："把这些字刻在我的墓碑上，一定！……"

在郊外的公墓里，竖立着一块墓碑，上面刻着几行黑色的字：我，费达斯顿，死于一八〇八年八月十一日。我的爱妻玛丽娅，年方三十六岁，依然端庄美丽，温柔贤惠。她具有好妻子的一切美德，渴望有人能爱她、娶她。她的住址是本地教堂街四号。

据守墓人说：这位亡夫为妻子写的那则启事真的起到了作用，玛丽娅最终被一位叫斯林卡的酿酒工娶走。娶玛丽娅前，这位老实人在墓碑前发誓："我一定像你一样疼爱、呵护玛丽娅，请你放心！"二人婚后过着幸福美满的生活。

从墓碑建立到如今已经过去了两个世纪，世界各国的游客见到这块墓碑都肃然起敬，向为妻子前半生和后半生谋幸福的丈夫鞠躬致意。

97. 关于费达斯顿，文中没提到下面哪项？

A 职业　　**B** 性格　　**C** 死因　　**D** 长相

98. 费达斯顿为什么不喝酒？

A 怕出交通事故　　**B** 工厂里有规定

C 省钱为妻治病　　**D** 妻子不让他喝

99. 费达斯顿觉得自己死得怎么样？

A 无意义　　**B** 很值得　　**C** 很冤枉　　**D** 不公平

100. 费达斯顿临终为爱妻做了件什么事情？

A 治好了肾病　　**B** 介绍了斯林卡

C 竖立黑色墓碑　　**D** 写了征婚启事

阅读专项训练（四）参考答案

第一部分

51. A	52. A	53. D	54. D	55. B
56. B	57. A	58. B	59. C	60. D

第二部分

61. A	62. B	63. B	64. D	65. C
66. D	67. B	68. A	69. C	70. D

第三部分

71. A	72. E	73. B	74. C	75. D
76. E	77. D	78. B	79. C	80. A

第四部分

81. D	82. C	83. B	84. A	85. B
86. C	87. A	88. D	89. D	90. C
91. D	92. D	93. A	94. B	95. D
96. B	97. D	98. C	99. B	100. D

阅读专项训练（四）答案详解

第一部分

51. A 项中的“很忙极了”有误，这里的“很”是程度副词，“极了”是程度补语，二者不可同时修饰一个形容词“忙”。应改为“很忙”或“忙极了”。
52. A 项中的“生活水平也提高得多”搭配有误，应该改为“……提高得很快”。
53. D 项中错用了“凡是”一词。“凡是”是个副词，一般应用在主语前面，如：“凡是不懂的问题，我就去请教老师或同学。”“凡是学校有舞会的时候，我都能看到阿玲的身影。”本句应把“凡是”改成“所有”。
54. D 项的前半句搭配有误。若用“不管”，就得用“怎么忙”来搭配，而不能有“再”。
55. B 项中的“也”用得不对，应改为“并且”或“还”。
56. B 项中“却”的位置放错了，应该放在主语的后边，改成“……我没邀请的却来了一屋子”。
57. A 项中的“呢”用错了，正确的句式应该是“难道……吗”。
58. B 项的后半句词语搭配不当，正确的搭配应该是“汉语水平是……提高的”或“汉语知识是……积累起来的”。
59. C 项中的“以前二十年”应该为“二十年以前”。
60. D 项中的“关怀”一词用错了，应改为“关心”。“关怀”的对象多半是人，有时是事业，通常是上对下，如：“感谢各级领导对我们留学生的关怀。”“关心”的适用范围比较广，可以对人也可以对事物，无论是上对下，还是下对上，甚至对自己，一般都能用。如：“这是班里的事，希望大家关心一点儿。”又如：“父母最关心的，还是我的健康和安全。”

第二部分

61. 从第一个空来看，可填入“由”、“从”二词，因为它们都可以表示变化，如：“这家公司由（从）无到有，由（从）小到大，发展非常快。”排除了 C、D 两项；再看第二个空，A 项的“热情”能跟后边的“高涨”搭配，而 B 项的“兴奋”不能。所以 A 项是正确答案。
62. 从第一个空来看，只有“上下”能跟前边的“不相”搭配，而“前后”、“左右”、“好坏”都不能跟“不相”搭配，应该排除。所以 B 项是正确答案。
63. 从第一个空来看，“几乎”是最佳选项，因为“几乎”用在名词性成分前表示非常接近某个数量，如：“爱玲几乎每个双休日都要去健身房锻炼。”而“简直”、“好像”、“大都”的含义和用法都跟“几乎”有较大的区别。所以 B 项是正确答案。

64. 从第一个空后和第二个空前的语段来看，第一个空填入 D 项中的“表现”，第二个空填入 D 项中的“苦恼”是最佳选择，搭配起来是“本文……表现了……苦恼”。所以 D 项是正确答案。

65. 从第一个空和第二个空前后的语段看，第一个空填入 C 项中的“同时”，第二个空填入 C 项中的“甚至”是最佳选择。所以 C 项是正确答案。

66. 从第一个空来看，填入“起来”是正确的选择，因为这个空前边的“逐渐炎热”是说炎热在慢慢地开始发展，加上“起来”后表示程度在继续加深，这样就排除了其他三个词。所以 D 项是正确答案。

67. 从第一个空来看，可填入“而”，“而”在这里的作用是连接事理上前后相关的成分，即“工作成绩突出”是原因，“受到老板重视升了职”是结果，其他三个词都没有这种用法。所以 B 项是正确答案。

68. 从第一个空来看，只能填入 A 项中的“到”，因为它常跟“意识”连用表示“觉察”的意思，如：“天还冷，看见树枝发绿我才意识到已经是春天了。”其他三个词都没有这样的功能。所以 A 项是正确答案。

69. 从第一个空来看，只能填入 C 项中的“特点”，因为这个词表示具有的独特的地方，而秋天比较干燥也是独特的，其他三个词都没有这种含义和用法。所以 C 项是正确答案。

70. 从第一个空来看，填入“信仰”最恰当，因为“宗教信仰”是最常见的搭配，其他三个词，有的不能搭配，有的不常见，应当排除。所以 D 项是正确答案。

新汉语水平考试

HSK（六级）

阅读专项训练

（五）

阅 读

第一部分

第 51–60 题：请选出有语病的一项。

51. **A** 他的身体素质很好，但心理素质不太好，所以比赛时，大家都很为他担心。
    B 中年妇女又要拼命地工作在单位，又要操持家务在家里，肩上的担子不轻啊。
    C 既然你们都不同意这样，那就按照你们的意见办。不过，我还是保留自己的看法。
    D 这种鞋有严重的质量问题，经常是穿了不到一个星期就坏了，所以老百姓都开玩笑称这种鞋为“星期鞋”。

52. **A** 很多人在屋里又说又笑，他却坐在一边看报，好像什么也没听见。
    B 从表面上看，这座大楼管理得还不错，实际上，里面的问题非常多。
    C 爱玲告诉我们她下个星期要结婚了，我们这才明白最近她为什么总是很忙。
    D 他们过高估计了对自己的力量，而估计不足对方的力量，所以比赛失败了。

53. **A** 因为个人问题一直不顺利，她对生活失去了决心，你去开导开导她吧。
    B 因为山高缺氧，心跳得非常厉害，体力消耗很大，我们不得不在山上休息了一会儿。
    C 天特别晴朗，没有一点儿云，日光从空气中射下，使人感到十分温暖。
    D 人体各种营养元素间都有一定的平衡，只要保持这种平衡，就无须再补充多余的微量元素，否则会适得其反。

54. **A** 他的球速特别快，比赛刚开始的时候，我很不适合，后来慢慢习惯了。
    B 人们看过这些精美的泥塑艺术品后无不赞叹，这足以说明它的艺术水平是很高的。
    C 各民族都有使用和发展自己的语言文字的自由，都有保持或者改革自己的风俗习惯的自由。
    D 论点部分是作者对所议论的问题提出的见解和主张，所以论点部分是不能缩写的，能缩写的只有论据和论证部分。

55. **A** 足球比赛举办不久，天就下起了大雨，除了运动员外，观众都跑遍了。
    B 运动会的开幕式需要一首主题歌，几位有名的作曲家夜以继日地赶写了一首。
    C 我们公司的招聘条件是：本科以上学历，懂外语，具有独立工作能力，五官端正，年龄在三十五岁以下。
    D 我们当然应该从物质上关心老年人，然而这只是一个方面，更重要的是要从精神上关心他们，这样才能使他们的晚年过得愉快。

56. **A** 因为在德国说汉语的机会比较少，所以我现在有困难跟中国人谈话。

B 在这次人才招聘中，他由于精通三门外语，并且有相关工作经验，所以处于优势。

C 为了恢复往日的体形，她给自己制订了一个减肥计划：在控制食量的基础上，尽可能多参加体育锻炼。

D 他去西北农村体验生活时，拍了很多乡土气息浓郁的照片，有放羊的小孩儿、耕田的老人、漂亮的姑娘还有潇洒从容的赶车小伙子。

57. **A** 无论刮风下雨，我都按时到校，这样的经历锻炼了我的毅力和学习。

B 暖暖的春风扑在脸上，他本来就感到困倦，这时就有点儿昏昏欲睡了。

C 有人说，在我们的字典里是找不到“困难”这个词的，当然这只是一种比喻。

D 上海地方这么大，况且你又人生地不熟的，一时半会儿，上哪儿能找到他呀？

58. **A** 大家不必再争论了，我看，由李先生牵头来编写这部教材是最合适的人选了。

B 女儿的降临确实给马莉的生活带来了变化，但产后的井然有序让马莉出乎意料。

C 他这个人素来被称为好好先生，今天居然发了这么大的脾气，一定是有什么缘故的。

D 国庆节期间，各地文化市场异常繁荣，丰富多彩的文化活动不仅营造了浓浓的节日气氛，也丰富了群众的文化生活。

59. **A** 我马上觉得有些不好意思了，来之前，应当跟人家打个招呼的。

B 只有大家紧密地团结在一起，共同努力，就一定能克服困难，取得成功。

C 谁知道，结婚快一年了，他依然是饭来张口，衣来伸手，那真是油瓶倒了都不知道扶。

D 中国汽车市场的日益成熟，让国外越来越多的生产厂商盯上了国内车市这块“大蛋糕”，国际品牌与自主品牌的合作就是这种趋势的鲜明体现。

60. **A** 玛利亚坐在他的对面，始终是平日那种淡淡的、不急不躁的样子。

B 一来到海边，我的心情就非常开心。难怪有人说，大海有洗去烦恼的功能。

C 对于一个演员来说，孩子的出生不仅会让家庭生活更加烦琐，更会使新妈妈在事业上失掉一些机会。

D 食品安全与否反映了一个国家的经济发展和社会管理水平的高低，也反映了一个国家的国民素质的高低。

第二部分

第 61–70 题：选词填空。

61. 每年的 11 月______有数千只白天鹅从西伯利亚等地飞到山东荣成水域过冬，到______的三月再飞往遥远的北方。“大天鹅”已成为山东荣成一道亮丽的风景线，每年都会吸引众多国内外游客______摄影家来观光。

A 都　来年　以及　　B 就　明年　或者
C 还　过年　还是　　D 再　今年　或许

62. 上海世博会每天接待着数十万参观者，各场馆比创意，比文化，吸引了无数游客的______。______来自不同国家的各种肤色的美女也______相聚上海，成为世博会上一道______的风景。

A 视线　又　一起　漂亮　　B 目光　而　同时　亮丽
C 眼睛　以　连忙　鲜艳　　D 光线　可　陆续　火红

63. 烤鸭是传统的北方食品，焦黄的外皮、鲜嫩的鸭肉，______上清爽的黄瓜和香葱段、甜咸______的面酱，卷进一张薄薄的春饼里，总______带给人幸福、温暖的______。

A 配　适度　能　满足感　　B 带　互相　会　满意感
C 吃　搭配　可　责任感　　D 拿　适当　肯　成就感

64. 立秋______，天气渐渐变得凉爽______，人们的食欲大增，夜间的休息也舒服多了，______的时候，疲惫的身体更愿意安静地休息，而不愿意参加______体力的活动。

A 以后　以来　空闲　浪费　　B 之后　起来　闲暇　消耗
C 而后　下来　休闲　耗费　　D 然后　开来　闲置　消费

65. 都说老虎占山为王，______老虎和山是______的。这回百虎园也打造了不少虎山，______老虎们可以在自己______的环境中生活。

A 似乎　密不可分　让　熟悉　　B 好像　大有可为　把　了解
C 比如　举世闻名　使　陌生　　D 举例　一目了然　叫　认识

66. 春季,感冒患者明显增多,这主要是由气候多变等原因______的,人们应注意防治。在应对春季感冒的______上,许多市民会选择自行购买感冒药,但服用时必须______,不然感冒药会______变成你身边的一大杀手。

A 完成　制度　留意　不时　　　B 造成　方法　小心　随时
C 制造　想法　谨慎　马上　　　D 建立　办法　认真　往往

67. 梅兰芳是举世闻名的戏曲艺术大师,从青年______起,他就作为一名______京剧艺术的使者,多次出国访问演出,使祖国绚丽多彩的京剧艺术______上了国际舞台,不仅为祖国的艺术赢得了崇高______,而且给世界戏剧带来积极影响。

A 时刻　发扬　踏　光荣　　　B 时代　传播　登　荣誉
C 时候　宣传　攀　名声　　　D 时节　播送　走　名誉

68. 随着人们对美的______越来越高,美牙已成为一种时尚的投资______,技术的推陈出新将不断完善美牙______,______明星般靓丽而整齐的牙齿不再是______。

A 条件　业务　利益　形成　美容
B 要求　能力　作用　希望　迷信
C 需要　活动　成果　具有　妄想
D 追求　行为　效果　拥有　梦想

69. 向别人提出较重大请求时,必须注意______恰当的时机。比如,当对方正______到一场重大变故时,你就不应随便前去______,请求他帮你做什么事。当对方心情愉快,时间又比较______时,向其提出请求,多数能有较好的______。

A 推选　遭受　打动　宽畅　成效
B 选拔　遭逢　打岔　宽绰　好处
C 把握　遭遇　打扰　宽裕　效果
D 选择　碰见　会面　大方　后果

70. 虽然刘谦______魔术,但他从没有______把魔术当成自己的职业,他的理想是成为工作稳定、收入______的白领。然而大学毕业后,屡屡碰壁的求职______让他终于又回到了自己______的魔术领域。

A 爱好　想法　丰盛　经验　熟悉
B 喜欢　打算　丰厚　经历　擅长
C 适应　计划　充足　精力　容易
D 实习　成功　富裕　遭遇　专业

第三部分

第 71-80 题：选句填空。

71-75.

清朝大臣曾国藩告诫弟子：居不可太大，合适即可。三口之家居七，乃穷居；居九者，即为绝居了。这句话的意思是，如果家里只有三口人，而房子有七间，那么家运就会受到影响；如果达到九间，那就是绝途的住宅了。如果再往深处思考，这种居住面积适宜的学说，暗含了自然法则，人类应该对自然界取之有度。居不怕大，食不怕精，穷奢极欲，(71)＿＿＿＿＿＿＿＿。

我有个姑妈在城里只有一套 60 多平方米的房子，一家七口住在里面，到她家去做客，(72)＿＿＿＿＿＿＿＿。看到别人在城里买了大房子，姑妈非常羡慕。

姑妈认识一位老太太，这位老太太和丈夫住在一幢三层楼的洋房里。后来，老太太的丈夫到江苏帮儿子料理公司业务去了，(73)＿＿＿＿＿＿＿＿。老太太经常请姑妈到她家去，有时还邀请她住在那里，甚至还提出来让姑妈两口子搬到她家一楼来，(74)＿＿＿＿＿＿＿＿，只要陪她说说话就可以了。

姑妈从那老太太身上突然醒悟了。她虽然住在小房子里，但因为家里人多，她从来没有一天因为冷清睡不着觉。她和家人总有说不完的话，心里很踏实。

这大概就叫人气，或者叫宅气。人气旺的房子，会给人一种积极向上的心理暗示；而人气冷的房子，(75)＿＿＿＿＿＿＿＿。

A 不收房租
B 连个坐的地方都没有
C 结果一定是物极必反
D 会让人感到寂寞和孤独
E 家里只剩下老太太一个人

76–80.

这天下班后，公司经理杨越赶回家，给女儿过生日。（76）__________，他关了手机。

正当杨越兴致勃勃地看着女儿分蛋糕时，他的助理急匆匆地赶来了。助理把杨越叫到一旁，小声汇报：有一个非常重要的客户，（77）__________。

“可是，我已答应了女儿，今天整个晚上都陪在她身边。”杨越为难地说。

助理委婉地说：“这位客户此前确实没有预约，他只在此地作短暂的停留，是临时决定要拜见您的……”

怎么办？一边是正玩得开心的女儿，而另一边是等待约见的重要客户。

杨越没有犹豫，他转身告诉助理：“我觉得我还是应该留下来陪女儿，你去接待一下客户，（78）__________，跟他约好时间，我会亲自登门拜访的。”

助理再次提醒经理这个客户实在太重要了，一点儿也不能得罪的。

女儿十分懂事，她理解父亲，也让父亲去见客户。

可杨越一脸的坚定：“不，（79）__________。虽然客户的约见很重要，但我一个月前向女儿许下的承诺更重要，谁都不能改变我作出的承诺。”

第二天，杨越上班做的第一件事，就是打电话向那位客户道歉。客户非但没有生气，反而赞叹道：“杨经理，（80）__________，是您的行动让我感受到了什么叫做一诺千金。”这个客户后来成了这家公司的长期合作伙伴。

A 为避免打扰
B 其实我要感谢您
C 并替我转达真诚的歉意
D 很想在今天晚上见您一面
E 我不想做一个失约的父亲

第四部分

第81-100题：请选出正确答案。

81-84.

不少饭店都以鱼头为特色菜肴，比如鱼头豆腐、鱼头火锅等。鱼头真像大家所认为的那样，比鱼肉营养价值更高吗？中科院海洋研究所鱼类研究专家王存信教授对此作出了科学的回答。

王教授介绍说，中国有四大家养鱼，分别是青鱼、草鱼、鲢鱼和鳙鱼。鲢鱼也叫鲢子或白鲢，鳙鱼又叫花鲢，我们平时在饭馆所吃的鱼头，就以白鲢和花鲢为主。之所以用这两种鱼做鱼头类的菜，一是由于它们生长迅速，可人工饲养；二是由于青鱼和草鱼以吃草为主，而鲢鱼和鳙鱼以吃浮游生物为主，肉自然比前者多。花鲢的头很大，因此花鲢又称"胖头鱼"，以头部肉多而知名。

针对鱼头比鱼的其他部位所含营养价值更高的说法，王教授的回答是不一定。他说，一般来讲，鱼脑中所含的营养是最全、最丰富的，其中含有一种人体所需的鱼油，而鱼油中富含高度不饱和脂肪酸，它的主要成分就是我们所说的"脑黄金"。这是一种人类必需的营养素，主要存在于大脑中，可以起到维持、提高、改善大脑功能的作用。如果摄入不足，婴儿的大脑发育过程就会受阻。

不过，王教授说，鱼头的其他部位在营养上并没有什么特殊的价值。很多人爱吃鱼眼，其实眼球并不好吃，好吃的是眼球周围的部分，其中可能含有一些人体所需的微量元素，但迄今为止尚无定论。另外，鱼鳃下边的肉呈透明的胶状，里面富含胶原蛋白，能够对抗人体老化及修补身体细胞组织，所含水分充足，所以口感很好。

王教授指出，很多人爱吃鱼头，是因为它的肉更加鲜嫩。这是由于鱼在水中的运动主要靠头部的摆动来完成，头部比身体其他部位运动得更多，肌肉更紧凑，味道也好，这和鸡大腿好吃是同一个道理。

当我们将鱼做成菜加热时，鱼头中的鲜味成分较其他部位更容易释放出来，所以味道上更鲜美一些。

81. 鱼身体的哪个部位含有鱼油？
A 鱼鳍　**B** 鱼脑　**C** 鱼鳃　**D** 鱼眼

82. 鱼的眼球周围部分含有什么物质？
A 脑黄金　**B** 鱼油　**C** 胶原蛋白　**D** 微量元素

83. 为什么鱼头的肉鲜嫩好吃？
A 运动较多　**B** 油含量大　**C** 含杏仁味　**D** 有脑黄金

84. 将鱼做成菜时，为什么鱼头味道更鲜美？
A 各种器官较多　**B** 更易吸收佐料
C 鲜味容易释放　**D** 所含水分充足

85–88.

在南亚、东南亚沿海和澳洲北部的海域中，有一种咸水鳄鱼。它们通常生活在江河的入海口和水浅的海岸边，是世界上最凶猛的肉食动物之一。

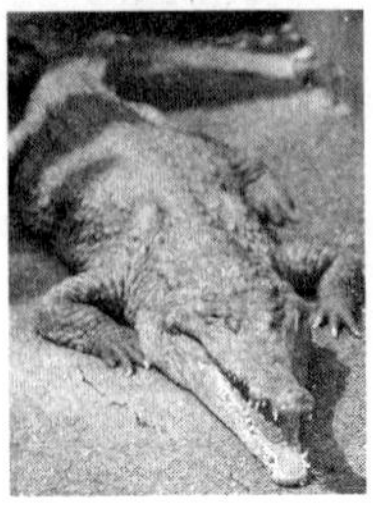

咸水鳄鱼的身体最长可达 6.9 米，重量可超过 1 吨。它的体表被一层坚硬厚实的角质鳞甲保护着，可大大降低其身体热量的散失。

咸水鳄鱼有足够的耐心，经常成群结队地潜伏在河边。多年的狩猎经验告诉它们，有些动物总是要来河边饮水的，时机一到，它们会从隐蔽处突然一跃而起，张开大口捕捉来饮水的猎物。

咸水鳄鱼一旦捉住野猪、袋鼠等陆地猎物，一场搏斗在所难免。这些对手身陷绝境时，反抗的力度很大，咸水鳄鱼一不小心就会让到嘴的猎物跑掉。可是咸水鳄鱼很聪明，知道这些猎物在陆地上很有力气，在水里就不行了。所以，搏斗时，咸水鳄鱼会把对手使劲拖到水中，让对手失去天然的优势。接着，群鳄一拥而上，分而食之。

相反，咸水鳄鱼若在水中遇到鲨鱼时，则会拿出另一种“绝活儿”。水中的鲨鱼，力量总是很大，动作也比咸水鳄鱼灵活得多。当咸水鳄鱼与鲨鱼在水中生死相搏时，咸水鳄鱼几乎占不到一点儿便宜。在这种情况下，咸水鳄鱼的耐心就派上了用场，它会死死咬住鲨鱼的尾巴不松口，然后静静地等待最佳时机。

相持一段时间后，咸水鳄鱼会有意把习惯在水中生活的鲨鱼拖到干燥的陆地上，继续与之搏斗。只要一来到岸上，水性很好的鲨鱼就立刻失去了自己的优势。最终的结果往往是：鲨鱼无可奈何地失去了反抗能力，成为咸水鳄鱼口中的美餐。

把陆地上的强劲对手往水里拖，把水里的强劲对手往陆地上拽，对付不同的猎物，采用不同的捕猎方式，咸水鳄鱼在与猎物搏斗中有力地保持了自己的优势地位。

85. 咸水鳄鱼有什么性格特点？

A 做事小心 **B** 性情暴躁 **C** 孤军作战 **D** 很有耐心

86. 关于咸水鳄鱼，本文重点谈了下面哪一项？

A 生活区域 **B** 饮食结构 **C** 捕猎方法 **D** 外皮特点

87. 下面哪种说法符合本文的意思？

A 野猪的水性很好 **B** 鲨鱼的动作很迟钝
C 袋鼠擅长在陆地作战 **D** 咸水鳄鱼比鲨鱼动作灵活

88. 咸水鳄鱼在与猎物搏斗中，为什么往往能取胜？

A 力量比对手强大 **B** 动作比对手灵活
C 表皮有鳞甲保护 **D** 战术运用很得当

89–92.

死亡是一件很自然的事情。自古以来，人们对于死亡一直没有办法预测。

科研人员经过长达30年的研究，在对5200多人进行了两年一次的身体检查后发现，人的肺活量能对远期和近期死亡作出预告。科研人员认为，肺功能的强弱，是一个人总的健康状况和精力的标志，也是一个人的生命力的直接表现。

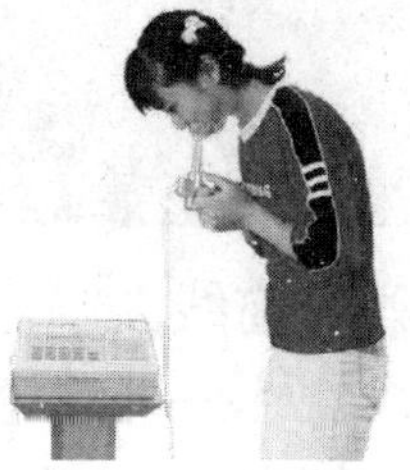

成年人的肺活量男性平均为3500~4000毫升，女性平均为2500~3500毫升，经常参加运动的人可以达到5000毫升以上。

肺活量是随着年龄的增长而下降的。测试结果表明，大约每十年下降18%，这种减退的趋势，在老年人中特别明显。但是经常活动的人情况有所不同，比方说常打打门球、练练书法、搞搞家务、爱唱上两句、爱侍弄花草等等，都可以明显减缓这种下降趋势。

一个人的肺活量除跟健康状况有关以外，还跟本人胸腔的大小、肌肉功能关系密切，但是最主要的因素是胸腔壁的扩张和收缩的宽舒程度。老年人由于肺组织肌肉和胸腔的弹性逐渐减弱，功能慢慢衰退，所以，一次性呼吸量比青壮年人明显减少。

但是，科学家们在观察中还发现，长期坚持体育锻炼的人，他们肺活量的减退非常缓慢，即使是60岁以上的老人，如果能长期坚持适当的体力劳动或体育锻炼，他们的肺活量仍能接近正常人的水平。平时不经常锻炼和活动的70岁老人，他们的肺活量就比经常锻炼的同龄人平均要低64%。

所以，国外已经把肺活量作为检测人的衰老程度的首选项目之一。科学家们指出，肺活量低的人，不能指望跟肺活量高的人一样“同享高寿”。

医学专家们认为，如果今后采用这种办法能够对死神降临期作出比较准确的预测的话，那么，人们当然也就能应用各种方法来延长自己的寿命。其中，坚持参加体育锻炼，尤其是始终坚持户外活动，就是一种十分有效的方法。

89. 一般成年人的肺活量与年龄的关系是：

A 肺活量随年龄增长而增长　　**B** 肺活量随年龄增长而下降

C 年龄增长肺活量不变　　**D** 年龄越大肺活量下降越慢

90. 导致老年人肺功能衰退的主要因素是什么？

A 健康状况变坏　　**B** 本人胸腔变小

C 肺肌弹性减弱　　**D** 精力与体力下降

91. 本文主要谈了用什么方法延长寿命？

A 合理的饮食　　**B** 充足的睡眠

C 坚持户外活动　　**D** 保持乐观的情绪

92. 下面哪项最适合做本文题目？

A 生死莫测　　**B** 同享高寿

C 肺活量与寿命　　**D** 坚持锻炼好处多

93–96.

我有一个学生名叫威廉，很有礼貌，也很聪明，一年前选修过我的逻辑课，可上了几节就不来了。后来他说他爸爸死了，所以缺了很多课，我就原谅了他。

威廉依然缺课，一直到期末考试。他请我不要给他不及格，希望我给他一个"科目未结业"。他说他的部队要去打仗了，因为他是现役军人。我一听，就同意了。

这天，我突然接到军人驻校办公室的电话，一个军人问我："为什么威廉一年前的课到现在都没有结业？"我说："威廉到前线去啦。" 那边立刻提高了嗓门："他到什么前线？ 他撒谎。部队会送他到前线？"我一听很生气，立刻给了他一个不及格，送到成绩部去了。没想到，部队三番五次打电话来，要我起诉威廉"学术欺骗"。我一听就头疼。我是教授，我只管给学生成绩。学生的德行由他们自己负责，我没答应部队的要求。

一天，我下课回来，办公室门口站着一个高大的军人，他表情严肃地说："戴博士，我是团长詹姆斯，我得找你谈谈。"我第一个反应就是："我做了什么坏事？"团长倒是开门见山："我们要把威廉送上军事法庭，因为他撒谎。"

我说："我已经给威廉不及格了，他已经得到了惩罚……"团长打断我的话："戴博士，我请您认真想一想，如果您不起诉，他就可以从这所大学毕业。他毕业后，就可以当排长，32个美国的儿子和女儿的生命就要掌握在他手里。如果他不诚实，您能放心地把这些孩子交给他吗？"我想了一个星期，依然决定不起诉威廉。我当然不放心把32个人的生命交给他，可为撒谎起诉自己的学生，却也不是我能做出来的。

过了几个月，我在校园里碰见威廉。我问他有没有被送到军事法庭。他说："倒是没有上军事法庭，可我自己要求退役了，因为我不诚实。"

这几句话让我看到了"诚实"在美国的位置。

93. "我"为什么不起诉威廉？

A 缺课全都有原因　　**B** 学生德行他不管

C 学生还可以补课　　**D** 威廉马上要退役

94. 詹姆斯为什么要把威廉送上军事法庭？

A 他考试不及格　　**B** 他缺了很多课

C 他不到前线打仗　　**D** 他搞"学术欺骗"

95. 戴博士是用什么方式惩罚威廉的？

A 告他到法庭　　**B** 送他到前线

C 给他不及格　　**D** 开除他学籍

96. 本文的最后一句暗示着什么？

A 威廉死在战场　　**B** 师生关系破裂

C 撒谎没有市场　　**D** 威廉被起诉了

97–100.

在加拿大，朋友带我到海边的公园看大雁。

大雁身躯的巨大出乎我的意料，大约有白鹅的四倍。那么多身体庞大的大雁聚在一起，场面令我十分吃惊。

朋友买了一些饼干、薯片、杂粮，准备在草地上喂大雁。大雁立刻站起来，围在我们身边，叫着向我们要食。

朋友一边把饼干抛向空中，一边说："以前夏天快结束时，大雁就准备南飞了，它们会在南方避寒，一直到来年的春天才飞回来。不过，这里的大雁早就不南飞了。"

为什么大雁不再南飞呢？

朋友告诉我，不知道从什么时候开始，人们在这个海边喂大雁。起先，这儿只有两三只大雁，到现在有数百只大雁了，而且数目还在增加。冬天的时候，它们躲在建筑物里避寒，有人喂食，就飞出来吃，冬天也就这样过去了。

朋友感叹地说："总有一天，这儿的大雁都不再南飞，候鸟变成留鸟，再过几代，大雁的子孙会失去长途飞翔的能力，然后再过几代，子孙们完全不知有南飞这一回事了。"

我抓了一把薯片抛向天空，大雁过来抢食。我心里百感交集，这样喂大雁，到底是对还是错？如果为了一时的娱乐，而使大雁无法飞行，不再南飞，实在令人不安。

已移民到加拿大 17 年的朋友说，自己的处境与大雁很相像，真怕子孙完全不知有南飞这回事，因此常常带孩子来喂大雁，让他们了解，这儿虽好，可不是我们的故乡。

"你的孩子们呢？"

"现在都回国参加夏令营去了！"朋友开怀地笑着。

我们把东西喂完了，往回走的时候，大雁还一路紧紧跟随，一直走到汽车旁边，才依依不舍地离开。

97. 根据短文内容，选出正确的一项：

A "我"常去喂大雁　　**B** 白鹅的身体比大雁小

C 朋友的孩子不常喂大雁　　**D** 这里的大雁还会南飞

98. 下面哪项说的是以前的大雁？

A 春天飞回北方　　**B** 已经变成了留鸟

C 在建筑物里避寒　　**D** 有时候追随汽车

99. 在给大雁喂食时，本文作者为什么感到不安？

A 人们不该娱乐　　**B** 大雁向人们要食

C 他带的食物没了　　**D** 会改变大雁习性

100. 朋友为什么常带孩子来喂大雁？

A 要了解大雁　　**B** 要学会爱护鸟类

C 让孩子不忘故乡　　**D** 和孩子一起娱乐

阅读专项训练（五）参考答案

第一部分

51. B	52. D	53. A	54. A	55. A
56. A	57. A	58. A	59. B	60. B

第二部分

61. A	62. B	63. A	64. B	65. A
66. B	67. B	68. D	69. C	70. B

第三部分

71. C	72. B	73. E	74. A	75. D
76. A	77. D	78. C	79. E	80. B

第四部分

81. B	82. D	83. A	84. C	85. D
86. C	87. C	88. D	89. B	90. C
91. C	92. C	93. B	94. D	95. C
96. C	97. B	98. A	99. D	100. C

阅读专项训练（五）答案详解

第一部分

51. B 项中的两个介词短语“在单位”和“在家里”的位置不对，应放在动词前边，即“拼命地在单位工作”、“在家里操持家务”。

52. D 项前一小句不必用“对”，第二小句应加介词“对”，并改为“而对对方的力量估计不足”。

53. A 项中的“决心”应改为“信心”。两个词的含义和用法是不同的：“决心”着重表示意志坚定不动摇；“信心”着重表示充满自信，有把握。

54. A 项中的“我很不适合”应改为“我很不适应”，因为两个词涉及的对象不同。“适合”的对象包括口味、情况、人等，如：“这个菜不适合我的口味。”“这件衣服很适合你穿。”而“适应”的对象是环境、工作、气候等，如：“我适应新环境的能力很强。”“你去了以后，先要适应那里的风俗习惯。”

55. A 项前一小句中的“比赛举办不久”需改成“比赛开始不久”；后一小句中的“观众都跑遍了”的“遍”要改成“光”。

56. A 项中的后一小句有误，需改成“我现在跟中国人谈话有困难”。

57. A 项中的后一小句搭配不当。这里的“锻炼”只能跟“毅力”搭配，不能跟“学习”搭配。

58. A 项中的后一小句犯了句式杂糅的错误，应改成“李先生是主编这部教材最合适的人选了”或“由李先生牵头来编写这部教材最合适了”。

59. B 项关联词语搭配不当。本句中后边用了“就”，前边就应该用“只要”来搭配。

60. B 项中的“……心情就非常开心”搭配不当。“开心”应换成“舒畅”，因为“舒畅”通常用于修饰人的心情，指开朗愉快，舒服痛快。

第二部分

61. 从第一个空来看，“都”、“就”、“还”都可以填入，尽管句子的意思会不同，排除了 D 项；再看第二个空，根据句意，只能填入“来年”，也就是“每年”的第二年，又排除了 B、C 项。所以 A 项是正确答案。

62. 从第一个空来看，可填入“视线”、“目光”和“眼睛”，排除了 D 项；再看第二个空，这里需要一个把前一小句和后一小句连接起来的词，“而”的用法之一就是连接小句，并要用在后一小句的开头。所以 B 项是正确答案。

63. 从第一个空来看，填入“配”是最佳选择，其他三个词都不合适。所以 A 项是正确答案。

64. 从第一个空来看，可填入“以后”、“之后”，“而后”和“然后”都不能搭配，排除了C、D两项；再看第二个空，B项中的“起来”合适，“以来”不能搭配，又排除了A项。所以B项是正确答案。

65. 从第一个空来看，填入“似乎”和“好像”都可以，而“比如”和“举例”不能填入，排除了C、D两项；再看第二个空，能填入“密不可分”，它形容二者的关系密切，而“大有可为”的意思是“事情很值得去做，很有发展前途”，用在这里是不恰当的，又排除了B项。所以A项是正确答案。

66. 从第一个空来看，填入“造成”是最佳选择，因为“造成”的意思是“导致不好的结果”，如：“造成很坏的影响”、“造成严重的环境污染”等。其他三个词都没有这样的用法。所以B项是正确答案。

67. 从第一个空来看，填入“时代”是唯一的选择，因为“时代”是指“个人一生中的某个时期”。这个空的前边有“青年”一词，所以搭配上“时代”最合适。所以B项是正确答案。

68. 从第一个空来看，可填入“追求”和“要求”。“追求”是“用积极的行动来争取达到某种目的”的意思，如：“他们一生都在追求自由和民主。”“要求”是“提出具体愿望或条件，希望得到满足或实现”，如：“爱玲要求到大西北去工作。”A项中的“条件”和C项中的“需要”都不能在这里搭配。再看第二个空，“行为”能填入，构成了“投资行为”；而根据本句的意思，“能力”不能跟“投资”搭配，应排除。所以D项是正确答案。

69. 从第一个空来看，可填入“把握”、“选择”两个词，而“推选”和“选拔”都不能跟“时机”搭配，排除了A、B两项；再看第二个空，可填入“遭遇”，又排除了D项。所以C项是正确答案。

70. 从第一个空来看，可填入“爱好”、“喜欢”两个词，而“适应”和“实习”都不能跟“魔术”搭配，排除了C、D两项；再看第二个空，B项中的“打算”可跟空后语段搭配，“想法”则不能，又排除了A项。所以B项是正确答案。

新汉语水平考试

HSK（六级）

阅读专项训练

（六）

阅　读

第一部分

第 51–60 题：请选出有语病的一项。

51. A 我的同事爱玲家正在装修房子，她家所有的建材和家具都选用了环保产品。
   B 来北京不久，我快就习惯了北京的生活，只是中国菜里油太多，我越来越胖了。
   C 随着年龄的增长，杨月越来越感受到学历和知识的重要，便决定继续上学深造。
   D 很多人因为工作忙而忽视了健康，有病了也硬挺着不休息，长期这样很容易得大病。

52. A 随着国家公共场所"禁烟令"的出台，"无烟婚礼"有望流行。
   B 你应该先预订房间，否则我们到当天可能不那么容易找房间。
   C 不论是海内外贵宾，还是世博观众，都对"天津周"活动给予了很高的评价。
   D 在讲究品位、追求质量的生活理念下，人们纷纷将目光投向了家居装修的细节。

53. A 这家商店的老板要回他家乡去奔丧，今天他就把商店暂且关门。
   B 他的描述使当年发生的一切又重现出来，填补了我记忆中的空白。
   C 你们来北京两年了还不适应，你看人家金明和，都快成北京人了。
   D 人们常把江南视为中华大地的锦绣之区，苏州，无疑是这片锦绣地上一颗最璀璨的明珠。

54. A 他不愿意骑摩托车，因为总是要修了，所以他嫌骑摩托车了。
   B 最近一段时间，杰克对很多问题都很感兴趣，特别是对婚姻问题。
   C 周末咱们或者去参观中国历史博物馆，或者去看电影，你决定吧。
   D 过了一座桥，汽车开进一条热闹的街道，于是白云饭店就真的出现在我们眼前了。

55. A 路本来就不好走，何况又下这么大的雨，我想王明不会不来了。
   B 这儿的漂亮衣服太多了，她一时还拿不定主意到底买什么样的。
   C 要不要考大学，他现在还拿不定主意，因为家里经济确实有困难。
   D 一个人如果没有竞争对手，那他就会失去前进的动力，以致最终无所作为。

56. **A** 我一个人在这个城市工作了近四十年，直到退休后就回到自己的故乡。

B 住在这里的时候并没什么感觉，但我今天要离开它了，却不免怀着无限的留恋。

C 我不打算去公司工作，因为我不具备经商的能力，更何况我对经商一点儿兴趣也没有。

D 考完试，大家一起聚餐，一边尽情地吃着美味，一边天南海北地聊着天，直到深夜才尽兴而归。

57. **A** 我本来不想发表意见，可听了大家的意见，又忍不住想说几句。

B 空气的湿度是气候变化的一个重要因素，它对人体有直接的影响。

C 世博会天津周期间，代表天津传统市民文化的民俗艺术，受到参观者的喜爱。

D 在颁奖大会上，他发言了十分钟，但就是这十分钟的发言，却博得了全场观众的热烈掌声。

58. **A** "货比三家"是消费者的不二法宝，多走几家商场，多比较一下价格和质量，就能减少上当的可能。

B 他在大学期间就酷爱文学，曾多次向报刊、杂志投稿，现在已成为远近闻名、小有名气的作家了。

C 旅游业是现代服务业的重要组成部分，服务也是衡量一个城市经济发展程度和水平的重要标志。

D 一个人只有身体健康、心理健康、社会适应能力良好，同时道德也健康，才算得上是一个健康人。

59. **A** 年轻人周末聚在一起，有的唱歌，有的打桥牌，有的听音乐，过得很愉快。

B 在全国武术比赛上，各地来的武林高手都使出了自己的高招儿和绝招儿。

C 中国人向来是把茶水作为主要饮料的，而欧美各国大多数人却离不开咖啡。

D 藏羚羊是国家一级保护动物，也是唯一生活在高海拔地区世界上的羚羊。它耐高寒，能在缺氧的环境下高速奔跑。

60. **A** 我的同屋一边冲咖啡，一边向我介绍他们上个星期去旅游的情况。

B 一连几天都风和日丽，偏偏今天一早就下起雨来，只好改日再出去野餐了。

C 高明的茶叶师傅喝一口茶，能立刻鉴定出茶叶的级别，因为他们有特别灵敏的味觉。

D 这家超市考虑到上班族的具体困难，将营业时间改为早六点至晚九点，大大便利了顾客购买。

第二部分

第 61–70 题：选词填空。

61. 今年世界杯______，尽管全世界球迷和 32 个国家的球员又一次无法在世界杯绿茵场上“会师”中国球员，但他们可以尽情______中国空调提供的清新空气，领略“中国制造”的科技魅力，在人生记忆中成就一段______的世界杯之旅。

A 时间　知道　惦记　　　　B 时候　利用　牢记

C 时期　感觉　忘记　　　　D 期间　享受　难忘

62. 旅游者出游的过程，也是______见识的过程。如果没有导游的______，很多头一次到某一地方或某一景点的人，就______盲人摸象，只能不知所以然地看看______。

A 增强　说话　似　旅游　　　　B 增加　解释　如　热门

C 增长　解说　像　热闹　　　　D 增添　回答　比　热烈

63. 孔子学院是借孔子之名在全世界推广汉语、______传播中国语言文化为基本任务的非营利性社会公益机构。它______是向海外人士提供专门技能的汉语培训______针对中文教师提供教学能力培训，______非学历教育。

A 被　大多　也许　定位　　　　B 把　首先　或许　所以

C 用　重要　还是　由于　　　　D 以　主要　以及　属于

64. 对于在文化事业单位工作的我来______，婚姻是一件很神圣严肃的事，我希望______自己的婚礼能办得庄重、热烈、有文化______。所以我的态度很______：对婚庆公司司仪说“不”！

A 说　将来　品位　鲜明　　　　B 讲　未来　品德　鲜艳

C 看　现在　商品　艳丽　　　　D 论　目前　种类　暧昧

65. 史老师身体不好，教学任务十分______。但她很关心我的孩子，每天都______给我的孩子买饭、端饭，并关照他吃下去，这______了我的困难，______我能全身心地______到工作中去。

A 繁重　按时　解决　使　投入　　　　B 沉重　按期　排除　让　参加

C 繁忙　及时　克服　把　参与　　　　D 重大　到时　消灭　给　投身

66. 亚健康状态各阶段之间______有时界线不十分______,但它们的关系就像互相衔接的区间车一样,______健康驶向疾病,"生命列车"______启动,常常只向前行进。

A 尽管　清晰　从　一旦　　B 尽量　清楚　在　如果
C 不管　明白　自　假若　　D 由于　区别　由　假使

67. 徐悲鸿先生在我国近现代美术发展史上起着承前启后、继往开来的______,他所______的科学的美术教育体系______沿用至今。他的创作理念、教育思想和艺术革新精神,对中国美术的发展有着______的影响。

A 效力　创造　继续　伟大　　B 好处　创立　历来　远大
C 用途　建设　从来　宏大　　D 作用　建立　一直　巨大

68. 除了昂贵的价格让很多家长______接受以外,如今一些儿童书的内容质量也让家长______,______是一些爱情话题和鬼怪故事更是让家长______。

A 难道　感冒　所以　兴高采烈
B 艰难　发烧　甚至　心花怒放
C 难以　头疼　尤其　望而却步
D 困难　腿疼　特别　奋勇前进

69. 近年来,为了引导和鼓励广大毕业生面向基层______,国家______了相关文件,在户籍管理、薪酬待遇、职称评定等方面______了切实可行的优惠政策,以______大学生的后顾之忧。

A 上班　宣传　商定　消减　　B 工作　公布　规定　消亡
C 毕业　出现　制订　消灭　　D 就业　出台　制定　消除

70. 一年一________的高校毕业生求职高峰已经来临,作为一名在读生,我看见那么多的师兄师姐在为找工作而辛苦________,自己也感到了一种巨大的压力和______。大学生缺少工作______,动手能力差,如何才能被用人单位相中,顺利______就业呢?

A 度　奔波　危机感　经验　实现
B 期　跑步　成就感　经历　执行
C 次　工作　危险感　经过　达到
D 年　写信　责任感　机会　发现

第三部分

第 71–80 题：选句填空。

71–75.

谭孝曾先生的年轻，大家已早有耳闻。但当记者在香港酒店见到这位京剧谭门第六代嫡传人时，仍是有些吃惊。年已六十的谭先生，面色红润，眉宇清秀，身影利落，(71)___________，说不及五十绝非恭维之词。

“从 11 岁入戏校开始，我每天都练功，活动腰腿；而演唱本身就是健身，唱要用气息，(72)___________。”谭先生坦言，自己的“年轻”体魄与从事的戏剧专业有关。

谭先生说，如果人们认为 60 岁就可以养尊处优，那就错了。正如梨园界的一句老话：一天不练自己知道，两天不练同行知道，三天不练观众知道。像谭孝曾先生的父亲谭元寿先生都已年过八十，(73)___________。

不光是练功健身，每天作息规律也很重要。谭先生特别提到了午睡，“就像小时候老师教育的，睡个午觉就相当于吃了一只鸡。”

说起饮食，谭先生说自己吃饭简单，还会适当喝点儿酒。他觉得，酒可以促进血液循环，特别是在耗费体力的演出后，适量饮酒还可以放松身心。

一年里，谭先生有多半年在外演出、讲学、考察，很忙很累也很充实。他觉得，这也是一种健身。因为一个人有事做，有想法，有愿望，有目标，才有活力。不过他认为，决定健康与否的关键因素是心态。自己之所以能保持年轻，(74)___________。“人生总有不顺心，但要正确对待，并将其化解；生气，与不顺心正面冲突，只能伤身体。”比如晚饭有一个菜不好吃，不合胃口，但他从不说不好吃，顶多不吃，不要太苛求。况且，每个人都有难处，客人的一句投诉，或许就会让厨师丢了饭碗。

“我的人生很平坦，没有大起大落，没有过分悲喜，这是最平安幸福的人生。”谭先生的这句话，透出了“知足常乐”的人生哲学：(75)___________，随心所欲。

A 笑对人生
B 这属于内在的健康
C 仍然在坚持每天练功
D 完全看不出已年过花甲
E 是因为保持了平和的心态

76–80.

在天津旧城的北门外大街上，有一条窄小弯曲的胡同，(76)__________，您一听这名字就知道了——耳朵眼胡同，像人的耳朵眼一样既狭窄又弯曲。在耳朵眼胡同口，有一家炸糕店，因地得名，叫“耳朵眼炸糕店”。说起这“耳朵眼炸糕店”，(77)__________。

据说在清朝光绪年间，有一位叫刘万春的外地人，(78)__________，就在天津街头支起炉灶卖上了炸糕。由于他善于琢磨，又精工细作，再加上诚信经营，逐渐形成了自己的独特风格，很受津门百姓的欢迎。后来有了积蓄，他就在北门外窄小的耳朵眼胡同出口处开了一间炸糕铺，店名“增盛成”。

随着“增盛成”的炸糕越卖越火，喜欢吃的人也越来越多，再加之毗邻耳朵眼胡同口，人们就将这美味的炸糕称为耳朵眼炸糕，而“增盛成”倒没有人叫了。久而久之，人们只知道“耳朵眼”而不晓得“增盛成”了。(79)__________，干脆就改招牌叫成“耳朵眼炸糕店”。

耳朵眼炸糕选用上等黏黄米经水磨后发酵，又选上等红小豆煮烂去皮，加上红糖汁炒制成馅。据说加工的时候要三口油锅：先文火炸，而后又放入另一口锅里大火炸，最后再放入香油锅里炸一下，这才出锅。经过这些程序，加工好的炸糕色泽金黄、柔软且酥脆、馅香甜而不腻，(80)__________，更别提吃了，肯定可口。噢！对了，再配上放着青丝玫瑰和白糖的小豆粥，那口味就更佳了。

上个世纪五十年代以后，耳朵眼炸糕有了很大的发展。特别是改革开放后，耳朵眼炸糕在国内外是连连获奖，现在已经冲出亚洲，名震世界了。

A 为了谋生
B 老板也就顺水推舟
C 胡同窄到何种地步
D 还真有一番来历呢
E 看着就给人一种清爽的感觉

第四部分

第 81–100 题：请选出正确答案。

81–84.

我朋友爱养花，什么花都养得很好。每到花开季节，满园子花香宜人，蝶飞蜂绕，很让人羡慕。于是，我和一帮朋友时常去他家赏花。朋友是个大方人，碰上爱花人，必以花相赠，所以有许多人慕名而来。一天，我去他家时，碰上张山也在那里，正死缠着我朋友不放，非要一盆开得正艳的牡丹不可。奇怪的是，平素大方的朋友一反常态，说啥也不想给。但是张山恳求再三，硬是把花搬走了。我朋友顿脚叹息道："不信你等着看吧，这棵花算是完了。"没过多久，张山搬走的牡丹真的死了。朋友摇头惋惜："果然不出所料啊！"我问为什么。朋友说："难道你看不出张山这个人是个势利眼吗？别人发达时，他趋之若鹜；别人倒霉时，他避之不及。"我问："这跟养花又有什么关系？"朋友正色道："用这份性情来养花，必然是花艳时百般呵护，花谢时弃之不顾。你想想看，世上又有哪一朵花是可以永开不败的呢？"

81. 如果见到了喜欢花的人，"我"的朋友会怎样？

A 送给那个人花　　**B** 教那个人养花

C 让那个人买花　　**D** 请那个人赏花

82. 面对张山要花时的场面，"我"有什么反应？

A 感到很幸运　　**B** 感到很为难

C 觉得很感动　　**D** 觉得很奇怪

83. "我"的朋友认为张山这个人怎么样？

A 变化无常　　**B** 待人热情　　**C** 难以捉摸　　**D** 人品太差

84. 张山要走的牡丹花死了，"我"的朋友是怎么想的？

A 早已预料到了　　**B** 愿意再送一盆

C 让他去买一盆　　**D** 教他学习养花

85–88.

前段时间，家里的洗衣机脱水时，里面发出很响的“咣咣咣”的声音。我打电话报修。周末维修人员上门来修理，拆开一看，是一枚硬币掉进了机器里面。

维修人员是位四十多岁的中年人，可能是一直骑着电动车风吹日晒跑维修的缘故，脸上显得憔悴而沧桑。他在忙维修的时候，我倒了杯水给他，说师傅辛苦了，喝杯水吧。他憨厚地笑笑说，我不渴。

将那枚硬币取出来后，他又顺便将洗衣机内部清洗了一遍，说洗衣机用时间久了要清洗的，否则会滋生病菌，沾到衣服上对身体不太好。

洗衣机修好了，师傅提着维修箱出门，跟我说再见。我并没有立刻“砰”地关上门，而是扶着门对楼梯口的师傅道着再会。我开着门目送他，直到他拐过楼梯口，才轻轻关上门。

我能想到，此刻即使外面寒风割面，这位维修师傅的心里也是暖的。因为他前脚离开时，背后没有随之而来“砰”的一声沉重而冰冷的关门声。

他得到了别人对他晚三秒钟再关门的尊重。

这种晚三秒钟再关门的习惯，是我三年前去一位客户家后养成的习惯。那次因公事紧急，一份文件必须周末亲自去客户家拿。

我拿好文件，双脚刚刚踏出客户家的门，突然一瞬间，门就在后面“砰”的一声重重关上了！那一声，惊得我一震——我愿意相信这不是客户自己的本意，他家阳台是敞开的，我愿意相信那是阳台的风将门瞬间吹得重重关上，因为我们都曾有过这样的经历。

但是，尽管这样想，那扇瞬间在我身后重重关上的门，还是让我的心里掠过一片寒凉。我感到有一种叫做“被尊重”的东西从我的身上慢慢剥落。

“被尊重”，有时候是多么难得。一旦得到，会让人觉得三冬犹暖。

85.“我”为什么要请人修理洗衣机？

A 应保修检查　　**B** 出现了故障

C 使用时间长了　　**D** 机内滋生了病菌

86. “我”为什么认为维修师傅在离开时心里是温暖的？

A 他受到了尊重　　**B** 室外温度较高

C “我”请他喝了茶　　**D** 师傅穿的衣服较多

87. “晚三秒钟再关门”的习惯，“我”是怎么养成的？

A 维修师傅传授的　　**B** 有过不愉快的经历

C 学习了别人的经验　　**D** 上司要求职员做的

88. 下面哪项最适合做本文标题？

A 说说“被尊重”　　**B** 维修师傅真好

C 硬币造成的麻烦　　**D** 晚三秒钟再关门

89–92.

我知道求职难，尤其对于像我这样来自农村的大专毕业生更难。但毕业后，我还是想留在这个城市里，希望能闯出一片天地。

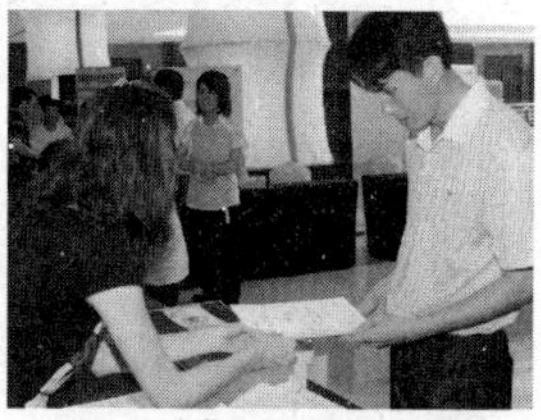

我在重庆的人才市场到处寻觅，但总是不能如愿。这天，我看到一家公司登广告招聘营业员，年龄在35岁以下，我连忙记下了公司的地址和联系电话。

第二天，我来到了那家公司。接待我的小姐很热情，知道我是来应聘的就叫我到人事部找何经理。何经理看了我的简历后，让我三天后到公司。三天后，我到公司去报到，却被告知何经理出去办事了，等了一天也没见到他。就在我即将离去的时候，他的秘书告诉我次日再来，说是何经理特别交代的。我在第二天找到何经理后，他写了张纸条叫我去找刘副总。但刘副总说他太忙，又叫我去找黄主任。黄主任给我的答复是：公司早已聘满，不过也许还有个别部门缺人，要我明天再来看看情况。一连跑了几天，他们像踢皮球一样把我踢来踢去。

本来我受不了这个气，但一想起父母面朝黄土背朝天的辛苦，我决定再努力一次。于是，我来到公司，黄主任对我挺好，让我到营销部看看。营销部经理对我说，我们的确缺一名业务员，但用不用要人事部决定。我又回到了何经理那里。何经理称他要出差，一周后回来，让我到时候再找他。这下我有点儿急了，但也没有办法，只好下周再来。

一周后，我已经是第六次到公司了。刚进门，何经理就微笑着对我说："小伙子，祝贺你。你已经在这场面试中取得了优异的成绩。这是你不放弃所换来的最后成功。"这时我才明白，这个推来推去的过程居然是一场考试。何经理告诉我："许多求职者缺乏耐心，往往碰一次壁就自动放弃了，只有你坚持到了最后。"

89. "我"的父母是做什么的？

A 工人　　**B** 农民　　**C** 教师　　**D** 小商贩

90. "我"见过几次何经理？

A 一次　　**B** 二次　　**C** 三次　　**D** 四次

91. 这家公司为什么像踢皮球一样把"我"踢来踢去？

A 嫌"我"年龄太小　　**B** 嫌"我"没有文凭

C 公司负责人工作太忙　　**D** 目的是考验"我"

92. 下面哪项最适合做本文题目？

A 没文凭找工作难　　**B** 我想留在北京

C 忙碌的何经理　　**D** 特殊的考试

93–96.

那一年，我喜欢上了他，但两个人距离太近，办公室面对面。我不知道，他对我的那些微笑，那些赞赏，是不是爱的流露。

一天，领导安排我和他一起出差。得知消息时，我的心怦怦直跳。再过几天就是端午节了，他会和我一起庆祝吧。我们去的地方长有芦苇叶，我想我可以和他一起去钻芦苇荡，一起吃粽子。我带了糯米、红枣、葡萄干上路了。小的时候，我跟着妈妈学了很多手艺，包括用苇叶包粽子，正好有机会可以表现。至于煮粽子的锅，也没问题，招待所的食堂一定会有的。

真是快乐的时光。白天我和他一起去农田，晚上，我们坐在招待所的大院里海阔天空地聊。我会时不时地悄悄望他的脸，他的眼睛好看极了，亮闪闪的，闪着我的心。他应该也喜欢我吧？这样想时，我的脸上渐渐有了红晕。"你喜欢吃粽子吗？我特喜欢，小时候我一次吃过 17 个呢。"我笑着告诉他。他立刻睁大了好看的眼睛，"啊？17 个？你小馋猪呀！我虽然也喜欢吃，但绝对不像你。"

喜欢吃就好，我暗喜。清晨，我早早地叫他起床："一起去芦苇荡吧，我想拔苇叶包粽子。"他吃惊地望着我："你会包粽子？"我得意地点头笑道："明天让你尝尝我的手艺。你的胃不好，别吃街上的粽子。""可是，这不是在家里，糯米、红枣、葡萄干，那么多东西，真的太麻烦了。"他一脸惊异。有爱怎么会嫌麻烦呢？我心里回答他，含着笑。

那真是一个幸福的端午节。我和他，坐在招待所的大院里，欢快地剥开一个个粽子。那时阳光灿烂地照着，云儿在空中飘舞。抬头时，我看懂了他满含柔情的双眼。他要打开爱情的门，放我进去了。

"知道吗？你只用几个粽子就打倒了我。爱情的成本太低了！"这么多年，每逢端午节，他总是笑着刮我的鼻子。而我给他的回答千篇一律："低成本的爱情，高浓度的婚姻，多么划算啊！"

93. 女的为什么要到出差地包粽子？

A 让男的教她包粽子	**B** 那里没有卖粽子的
C 她吃饭离不开粽子	**D** 向男的展示她的手艺

94. 出差前，女的为什么没准备苇叶？

A 嫌苇叶太重	**B** 告诉男的带
C 可到当地买	**D** 当地有芦苇荡

95. 他们在出差地的生活怎么样？

A 很艰苦	**B** 很浪漫	**C** 较紧张	**D** 不方便

96. 女的是怎样看待自己的婚姻的？

A 很满意	**B** 很后悔	**C** 很委屈	**D** 很不值

97–100.

儿子成年之后，很有出息，让爸妈在村里很是风光。

可惜，儿子在中年的时候，却在体检时查出了不治之症。儿子拿到这个结果之后，一夜都没有合眼。第二天，他告诉媳妇："如果我有什么不测，千万不要告诉我父母。你要知道，我是家里四代单传的儿子，爸要知道了我有什么不测，他会承受不了的。"此时，媳妇已经有些听不下去了，她含着热泪点了点头，答应下来。

媳妇在这年春节快要到来的时候，打了个电话回去，告诉公公婆婆，他们的儿子到国外去工作了，一时半会儿回不来。公公婆婆听后，对儿媳说，儿子出国工作是件好事，让他不要惦记我们，就是到大年三十那天，让他从国外给我们打个电话。媳妇听后，想了半天，找了个丈夫的同乡，在此后每年大年三十，给公公婆婆打个问候电话。在电话里，那位同乡用家乡话向老人问候。因为两位老人都八十多岁了，耳背，分不清是不是他们儿子的声音，所以，每当他们接完电话后，都显得十分高兴。

几年后，年迈的婆婆生病了。当媳妇背着大包小包的营养品，不远万里赶到公婆家门口时，她心里很不是滋味。

媳妇一进公婆家，只见婆婆躺在床上，却不见公公的人影。媳妇一侧脸，看见了公公的大照片挂在墙上。于是，她急促地问道："爸爸他……"婆婆老泪纵横，眼泪在她那满是沟壑的脸上，曲曲折折地流淌着。

她拉着儿媳的手说："你爸他走了两年了，是那天在门口跌了一跤，扶起来就不行了。你爸都是快九十岁的人了，死的时候，没有受罪，所以我没让几个侄子把你爸去世的消息告诉你们。我儿子在国外工作，漂洋过海的，就不要影响他了。在你爸去世的这两年里，每当大年三十儿子来电话时，我都告诉他说，你爸已经先上床睡了，我们都好着哩，让他不要惦记，只管好好去工作。人说，自古忠孝难两全，你回去也不要打电话告诉他，咱们就这么瞒着他吧！"儿媳流着泪点了点头，但却忍不住扑到婆婆怀里，放声大哭起来。

儿媳哽咽着对婆婆说："妈，我答应您，不告诉您儿子，咱们就这么瞒着吧！"

97. 儿子拿到体检报告后，最担心的是什么？

A 父母难以承受　　**B** 媳妇失去依靠

C 这病医治不好　　**D** 不能出国工作

98. 爸妈对儿子出国的事表现得怎么样？

A 很不放心　　**B** 深信不疑　　**C** 不太满意　　**D** 半信半疑

99. 每年大年三十，媳妇为什么找丈夫的同乡给公婆打问候电话？

A 丈夫工作忙没时间　　**B** 丈夫在国外不方便

C 为隐瞒丈夫的死讯　　**D** 减轻公婆失子之痛

100. 爸爸去世时，妈妈为什么没告诉儿子？

A 儿子年纪不小了　　**B** 爸爸得的是急病

C 因为儿子已死了　　**D** 怕给儿子添麻烦

阅读专项训练（六）参考答案

第一部分

51. B	52. B	53. A	54. A	55. A
56. A	57. D	58. B	59. D	60. D

第二部分

61. D	62. C	63. D	64. A	65. A
66. A	67. D	68. C	69. D	70. A

第三部分

71. D	72. B	73. C	74. E	75. A
76. C	77. D	78. A	79. B	80. E

第四部分

81. A	82. D	83. D	84. A	85. B
86. A	87. B	88. D	89. B	90. D
91. D	92. D	93. D	94. D	95. B
96. A	97. A	98. B	99. C	100. D

阅读专项训练（六）答案详解

第一部分

51. B 项中的单音节“快”做状语应加“很”，变成“很快”。
52. B 项中的后半句语序混乱，应说得简单明了一些，最好改为“否则到时就很难满足你的要求”。
53. A 项中后一小句的语序混乱，应改成“今天他暂且把商店的门关了”或“今天暂停营业”。
54. 根据 A 项的句意，第一个小句后，应加“了”；第二个小句后的“了”应去掉，因为前边有“总是”一词；第三个小句“嫌”后词语搭配不当，应改为“太不方便了”。全句需要重新组织为：“他不愿意骑摩托车了，因为总是要修，太不方便了。”
55. A 项中的第三个小句“不会不来”的意思是“会来”，这就跟前边的意思衔接不起来，可改为：“我想王明不会来了。”
56. A 项中的“就”应改成“才”，因为这才能表示“我”很晚回到故乡。
57. D 项中的“发言了十分钟”应改为“发了十分钟的言”或“发言发了十分钟”。
58. B 项中的“报刊”一词是“报纸和刊物的合称”，这里的“刊物”即“杂志”，这样就重复了，应删去“杂志”一词。
59. D 项中第二个小句的语序有误，应改为“也是世界上唯一生活在高海拔地区的羚羊”。
60. D 项中营业时间的变化为顾客提供了方便，所以用“便于了”有误，应改为“大大方便了顾客”。

第二部分

61. 从第一个空来看，填入“期间”是唯一选择，因为“期间”是指某段时期里的时间，不能论长短。如：“春节期间”、“留学期间”。其他三个词都没有这种含义。所以 D 项是正确答案。
62. 第一个空的四个备选词的含义和用法是不同的：“增强”表示加强，多指有强弱、好坏之分的事物。如：“这家公司引进了不少人才，进一步增强了公司的实力。”“增加”表示在原有的基础上加多，多用于较具体的事物或数字。如：“明年他们学校的留学生将增加到两千人。”“增长”表示提高，多用于较概括、较抽象的事物。如：“为了增长自己的知识，他非常刻苦地学习。”“增添”强调在原有事物之外多了新的成分、成员或数量。如：“这座花园为城市居民增添了一处休息的场所。”通过分析以上四个词的含义和用法，只有“增长”能填入第一个空。所以 C 项是正确答案。

63. 从第一个空后的语段可知这个空是要选一个能跟“……为……”搭配成固定结构的词。四个词中唯一能搭配的是“以”，从而构成“以……为……”结构，表示“把……作为……”的意思。如：“我们要以这种精神为动力。”所以 D 项是正确答案。

64. 从第一个空来看，可填入“说”、“讲”，构成固定格式“对于……来说”或“对于……来讲”，表示从某人或某事的角度来看，这就排除了 C、D 两项。再看第二个空，“将来”和“未来”都可填入；最后看第三个空，只能填入“品位”一词，构成“文化品位”，而“品德”不能跟“文化”搭配，又排除了 B 项。所以 A 项是正确答案。

65. 第一个空的四个备选词的含义和用法是不同的：“繁重”多形容工作和任务分量重，并且头绪多，如：“马老师担负着十分繁重的教学任务。”“沉重”形容分量重或程度深，多修饰抽象名词，如：“这次失恋使她精神上受到了沉重的打击。”“繁忙”形容因事情多而没有空闲，如：“爸爸在公司工作十分繁忙，连双休日都没时间陪我去逛公园。”“重大”形容大而重要，多用于抽象事物，如：“这件事关系重大，一定要处理好。”通过对以上四个词含义和用法的分析，只有“繁重”能填入。所以 A 项是正确答案。

66. 首先看第一个小句和第二个小句，要注意第二个小句的开头用了“但”，这说明第一个小句和第二个小句是转折关系，所以第一个空应该是“虽然”、“尽管”一类的词，而填第一个空的备选词语只有“尽管”一词。所以 A 项是正确答案。

67. 从第一个空前边的“起着……”可知，这个空只能填“作用”一词，因为“起……作用”是唯一正确的搭配形式，其他三个词都不能跟“起着……”搭配。所以 D 项是正确答案。

68. 能填入第一个空的词只有“难以”，所以 C 项是正确答案。

69. 从第一个空来看，可填入“工作”或“就业”，构成“……毕业生面向基层工作”或“……毕业生面向基层就业”，排除了 A、C 两项；再看第二个空，“公布”和“出台”都能填入；最后看第三个空，能填入“制定”，因为“制定”的对象多是“政策”、“方针”、“路线”、“法令”等，而“规定”的对象多是“时间”、“方向”、“数量”等，它不能跟“……政策”搭配。所以 D 项是正确答案。

70. 可填入第一个空的只有“度”一词，它已形成了固定说法。所以 A 项是正确答案。

新汉语水平考试
HSK（六级）
阅读专项训练
（七）

阅 读

第一部分

第51–60题：请选出有语病的一项。

51. **A** 由于饮食习惯不同，不同地域的人，饮茶习惯的差异也很大。
B 我这屋子很小，而且也不能留人住宿，于是你还是另找个地方住吧。
C 作为老师，好学生我喜欢，同样，有这样那样缺点的学生我更应该喜欢。
D 生活中的刘淑云是一个沉默寡言的人，舞台上她却总能焕发出超乎想象的激情。

52. **A** 对于很多中国人来说，品尝一杯香茶是很惬意的事。
B 在现代社会中，交通是衡量一个城市，甚至一个国家发达程度的重要标准。
C 目前，你想让谁准确地预报出某个地方何时发生几级地震，是不可能的。
D 那时安娜刚下飞机才一天，时差还没调整过去，脑袋里糊里糊涂的，像在做梦。

53. **A** 该店的青年服务员正努力保持和发扬了传统特色。
B 虽然遇到那么大的挫折，但是她没有失去生活的信心。
C 一个人一生不可能一帆风顺，遇到困难就要勇敢面对，想办法去克服。
D 我跟他根本不认识，可是每次见面他都很热情地跟我打招呼，使我感到莫名其妙。

54. **A** 尽管剧本里的人物都是虚构的，但其中的事件都是有根据的。
B 一天晚上，我忽然接到了他的电话，他说他最近可能会来北京。
C 无论气候条件和地理环境都极为不利，仍不能动摇我们坚守哨卡的决心。
D 教与学是教学过程的两个方面，任何时候都不能只强调一方面而忽视另一方面。

55. **A** 回国之后，父母对我得到无微不至的招待。
B 健康是人生第一大财富，长寿是人们孜孜以求的目标和美好愿望。
C 你之所以觉得很多工作都不适合你，是因为你也不知道自己的长处到底在哪里。
D 该剧讲述了深圳的开拓者们在观念和矛盾的冲突之中建设深圳、追求幸福的故事。

56. **A** 对于去年的所作所为,我们会进行一次深刻地反省错误。

B 现在还不到八点,我想他一定会回来,我们再耐心等一会儿吧。

C 苏珊是个留学生,酷爱中国武术,还正儿八经跟别人学过几手。

D 我们都是急性子,说干就干,他说我记,一会儿的工夫就写完了一篇讲演稿。

57. **A** 信息时代,一个国家发生了什么重大事件,霎时间就能传遍全世界。

B 消费者一旦被认定受到精神损害，经营者将要支付最多五万元以上的精神赔偿。

C 这里优美的自然风光和众多的名胜古迹，吸引了无数国内外游人前来观光游览。

D 他们首先改革了公司的管理体制,进而改善了工作人员的服务态度,因此,逐步赢得了广大顾客的信任。

58. **A** 因为工作忙,爱人又出国了,他一个人懒得做饭,常常吃食堂。

B 这一年的留学生活,使我不仅获得了知识,还获得了不少人生经验。

C 据说,每年七月初七这天,人间不见一只喜鹊,因为它们都飞上天为牛郎织女搭桥去了。

D 对这部小说的人物塑造,作者没有很好地深入生活、体验生活,凭主观想象加了一些不恰当的情节,反而大大地减弱了作品的感染力。

59. **A** 他是我的好朋友,现在他遇到了困难,我无论如何都要帮他一把。

B 我家的别墅面对着大海,风景优美,空气清新,每到节假日我们全家常常在别墅团聚。

C 好容易盼到爱人下班回来,我把小闹钟失而复得的事讲给他听,他也显得格外高兴和激动。

D 挑选适当的培训基地是该市“阳光工程”的重要环节,这一环节也正是最容易出现弄虚作假的现象,市政府特别重视。

60. **A** 伴郎伴娘算是婚礼上最重要的工作人员,他们应该是新人最值得信赖的朋友。

B “书”是知识的海洋,读书是学习的一种重要方式,因而我们学校设立了“读书节”。

C 一看到她风度翩翩地走上舞台,大家便热烈地鼓掌起来。她一连唱了四首歌,每一首都赢得了热烈的掌声。

D 随着交通拥堵问题的日益突出,是否购买汽车已经成为每个家庭、每个消费者应当认真思考的大问题。

第二部分

第 61–70 题：选词填空。

61. 世博会是一个展示科技新产品的大舞台，______誉为科学技术的奥林匹克。在这一舞台上，______诞生过无数的伟大发明，我们今天______的很多物品，都与世博会有着不解之缘。

A 替　向来　作用　　B 把　未曾　利用
C 被　曾经　使用　　D 使　已经　运用

62. 在青少年学生中开展读书活动，培养其课外读书______，______提高他们的文化素质及品位，不仅是培养学习型人才的需要，______也是建设学习型社会的需要。

A 习俗　或许　否则　　B 风气　反而　难怪
C 爱好　并且　总之　　D 习惯　进而　同时

63. 海南省乐东县是一个农业大县，是我国为数不多的热带地区之一，气候条件______，素有“天然温室”、“热作宝地”和“绿色宝库”等______，是发展热带高效特色农业最理想的地方，最______发展香蕉生产。

A 独特　美称　适宜　　B 绿色　尊称　符合
C 罕见　称号　合适　　D 特殊　口号　理想

64. 在物理、化学、文学等奖项之外，诺贝尔奖还______了一个和平奖。诺贝尔是想向世界______，______的科学都应该为人类的和平______。

A 设立　表明　所有　服务　　B 举办　解释　一切　工作
C 创建　回答　整体　奉献　　D 建设　宣布　全部　努力

65. 夏天气温高，湿度也______，容易让人______喘不过气来，在这种______条件______，人是很容易生病的。

A 大　感觉　气候　下　　B 高　知道　环境　中
C 密　明白　形势　上　　D 小　理解　天气　里

66. 中国茶文化源远流长，走亲访友、______老人，送上几盒好茶是个不错的______。而在众多的茶叶品种中，“西湖龙井”在中国可说是______，那么，今年西湖龙井的行情______如何呢？

A 关怀　礼物　欣欣向荣　毕竟　　B 孝敬　选择　家喻户晓　究竟
C 赡养　计划　喜闻乐见　到底　　D 关心　礼品　物美价廉　怎样

67. 在彩云之南，有一______生长诗情画意的土地，这里因茶而名扬______，又因为葱茏的绿色而成为人们______的家园，还因为多民族共融共生的灿烂文化而吸引世界人们的______，这个地方就是普洱。

A 块　四方　向往　目光　　B 片　附近　羡慕　目前
C 亩　周围　热爱　知觉　　D 家　海外　居住　青睐

68. 近几年的“中国热”______了越来越多的国外友人，许多中学生也成为来华留学群体的一部分，他们或是为了感受中国文化，或是______父母工作调动来到了中国。“留学”已经成为了解中国、______华夏文明的最佳______之一。

A 争取　因为　心得　措施　　B 吸引　由于　体验　途径
C 接受　为了　感受　方法　　D 采用　原因　收获　路程

69. 塑料袋是我们生活中______的。在中国，每天只是买菜就要用 10 亿个塑料袋。塑料袋在为消费者______方便的同时，也造成了______的资源______和环境污染。

A 层出不穷　主张　厉害　消费　　B 不可缺少　提供　严重　浪费
C 不可思议　提倡　消极　破坏　　D 得不偿失　争取　严格　消失

70. 空姐是令人______的职业，但这项工作其实非常______，而且可能遇到______情况，没有______的精神和一定的应变能力，就会______不了工作的压力，做不好这项工作。

A 向往　困难　普通　耐劳　承担
B 尊敬　速度　特别　吃亏　负责
C 敬佩　巨大　个别　吃力　坚持
D 羡慕　辛苦　特殊　吃苦　忍受

第三部分

第 71–80 题：选句填空。

71–75.

后汉时，有一个人叫朱辉，他年轻时结识了朝廷重臣张堪，(71)________。

张堪对朱辉的才学和人品非常赏识，又恰好是同乡，就有意提携他，(72)________。但张堪一心把他当做知己，推心置腹地对朱辉说："你是一个值得信赖的人，我愿把身家与妻子托付给你。"听了张堪的话语，朱辉心里非常感动，却只是恭敬地答道："岂敢，岂敢。"

朱、张二人挥手作别后，便失去联络，再没有碰面。后来，张堪死了。由于他为官清廉，死后也没有什么丰厚的遗产，家人的生活顿时变得窘迫起来。朱辉知道后，(73)________。

朱辉的儿子很不理解："我们以前没有听说过你与张堪有什么深交，你为什么如此厚待他的家人？"朱辉说："张堪生前曾对我有知己相托之言，我嘴上虽然未置可否，但心中已经答应了。""既然你们互为知己，(74)________？"朱辉答道："当初他身居高位，并不需要我的帮助；如今他离去了，家人生活得很不好，才需要我这个朋友出面帮忙呀。"

后来，朱辉做到尚书令。他时常对儿子说："你不一定要学我如何做官，(75)________。"

A 两人非常投缘

B 为何常年不见往来

C 但不妨学我如何做人

D 便全力帮助张堪的家人

E 可朱辉却婉言谢绝了他的好意

76–80.

今天是中秋节，我跟一个老朋友一起到公园赏月。（76）________，也是退休后来中国学汉语的，他年纪比我大两岁，今年 62 岁了。我们俩在壮年时期拼命地工作，退休前他当过小学校长，我当过公司老板。现在我们俩的子女都已经成人，我们作为家长的任务完成了。（77）________，我们不约而同地来到中国学习汉语。

来到公园，只见大门上挂着一条横幅，上面写着“中秋赏月晚会”几个大字。一进大门，发现里边人很多，在临时搭建的舞台上，有新疆来的少数民族演员表演着舞蹈，伴奏音乐有一种异域风情，使我兴奋不已。

我们继续往里走，这里人不多，也没有灯光照明，什么也看不清楚。（78）________，我往黑暗的地方望了一下，才知道是一对年轻情侣坐在椅子上小声谈话。这时，我才发觉这里有很多对情侣，每一对都占着一条长椅子，有的在谈话，有的默默地相互拥抱着。看来，自古以来情侣们都爱黑暗的地方。我们两个老头儿觉得坐在这里很不合适，（79）________。

我们来到湖边，这里比较宽敞，远处朦胧的夜色中，黑色的树梢上挂着一轮银白色的月亮。听中国朋友介绍说，这个公园是在一座唐朝宫殿的遗址上修建的。中国朋友还给我们讲了有关唐明皇和杨贵妃的故事。

眼望明月，我很有感慨，同时也感到一些遗憾：今天晚上跟我一起赏月的不是女的，而是一个男的，（80）________。

我想家了，想我的老伴儿了，因为“每逢佳节倍思亲”啊。

A 还是个老头儿
B 于是就悄悄走开了
C 这位老先生跟我一样
D 忽然听见轻轻的说话声
E 由于对中国文化很感兴趣

第四部分

第 81–100 题：请选出正确答案。

81–84.

地球上有九千多种鸟类，其中四千多种是候鸟，每年迁徙的鸟超过百亿。千百年来，它们按季节和一定的路线往返两地迁徙，从不迷航。据科学家观察，它们主要是以山峰、陆地、河流、海岸为标记，并根据水波的流动、洋流的环境特征来飞行。

世界上共有八条重要的候鸟迁徙通道，其中三条与中国有关。东线沿大陆海岸线南下，至菲律宾和澳大利亚；西线则穿越青藏高原和四川盆地，进入南亚次大陆和云贵高原；唯独中部的迁徙路线一直是个谜。据群众反映，地处中国华中腹地的鄱阳湖，是北方候鸟南下的歇脚点和加油站，它们在此经过休息长膘后，再飞越江西与湖南交界的遂川县而南下，这是一条“千年鸟道”。根据这条线索，自 2002 年 9 月 28 日开始，历经数年的野外调查，鸟类专家终于破解了“千年鸟道”的形成之谜。

遂川鸟道位于遂川县西南部，该区域北部为罗霄山脉，南部为齐云山，西南为八面山，其中南面有海拔 2120 米的高峰，特殊的山川地貌为迁徙的鸟类提供了识别标志。这里森林植被茂盛，物种丰富，又是遂江的发源地。山清水秀的良好生态环境，为迁徙鸟类中途停歇提供了觅食场所。另外，每年秋分前后，这里会出现一股从西北吹向东南的强大气流，集结的候鸟正好利用这股强劲的气流迁徙南下。

由于上述原因，每年来自内蒙古草原、华北平原的数十万只候鸟会在遂川短暂停留。一旦低温袭来，鸟儿便伴随着强劲的气流，飞越罗霄山脉，振翅南下。年复一年，便形成了“遂川鸟道”。前几年，“遂川鸟道”被认定为中国第二大鸟道。

81. 下面哪项不是候鸟迁徙的识别标志？

A 山峰　　**B** 气流　　**C** 海岸　　**D** 河流

82. “千年鸟道”必经的地方是：

A 鄱阳湖　　**B** 青藏高原

C 云贵高原　　**D** 大陆海岸线

83. 遂川鸟道形成的原因不包括下面哪一项？

A 气流强大　　**B** 群众护鸟　　**C** 标志明显　　**D** 食物丰富

84. 经过中国第二大鸟道的候鸟，一般在什么时候从遂川南下？

A 春暖花开　　**B** 白雪覆盖　　**C** 寒风吹来　　**D** 海水涨潮

85–88.

潘先生是海水养蟹的最早试验者。听说我要看海水养蟹，潘先生立即带我到海边。

这是一片小面积内海，没有什么浪，海水清澈。潘先生脱下长裤，说蟹就养在这里。什么？在海里养蟹，没有围网，蟹不会跑？潘先生笑着说，要是跑了，我还养什么？

我也脱下长裤，跟着潘先生下海，走了约十米，只见半米深的海水下，放着很多小罐子。从清澈的海水中，我看见每个罐子里都有一只蟹，静静地躺在罐子里，见我们来了，它们也不逃走。潘先生拿出一条小鱼放进罐子里，蟹立即动起来，用"手"紧紧抓住小鱼，吃了起来。

此时，我想起成语"画地为牢"，在一个人人遵守法律的地方，牢的围墙在心中。眼下的蟹，虽不是什么犯人，但它们如此听话，这种"以罐为网"照样能在小海里养蟹的事实，正与"画地为牢"相似。

突然，我看见一只蟹正在吃一个像蟹的东西。潘先生说，蟹是在吃它刚刚脱下来的蟹壳。蟹和虾一样，每脱一次壳，它就长大一次。脱下来的壳，它们都会自己吃掉，蟹脱下来的壳很柔软，含钙很高，是蟹补钙的最好食品。

蟹为什么不逃走呢？潘先生笑着说，几乎到这里看蟹的人都会问这个问题。蟹有个特点，就是"好吃懒做"。如果它吃饱了，它是不想跑动的。所以，利用蟹这个特点，将它喂饱，它就不会跑了。而且他还选了这个比较"瘦"的海域，食物没有那么丰富，它即使逃出来，在附近也找不到什么吃的，就只好跑回到罐子里去，等人给它送好吃的来。难道没有不听话的逃跑者？潘先生说，有，但很少。因为任何事物都有特殊性，也有"不听话"的蟹跑了，但跑走的蟹过后又会偷偷跑回来，因为罐子里有吃的……

85. 作者引用成语"画地为牢"，想说明什么问题？

A 海水养蟹的依据　　**B** 罐子是蟹的牢房

C 蟹守纪律很自觉　　**D** 潘先生非常博学

86. 蟹为什么要吃掉脱下来的壳？

A 为了填充肚子　　**B** 身体对钙的需求

C 蟹的本性较自私　　**D** 清除身边的垃圾

87. 蟹为什么会老老实实地待在罐子里？

A 生活很满足　　**B** 罐子里暖和

C 罐子里安全　　**D** 口小出不来

88. 潘先生为什么选比较"瘦"的海域养蟹？

A 海水比较浅　　**B** 蟹的质量高

C 蟹不会太胖　　**D** 蟹不会跑掉

89–92.

蟋蟀是蝗虫和草蜢的近亲。科学家进行了一系列的试验，旨在查明蟋蟀在不同情况下吃什么。实验结果显示，当蛋白质匮乏时，身在征途的蟋蟀经常会吞噬同类。这有助于解释蟋蟀为何具有不停地往前跑跳的强烈倾向——要是它们不能及时跟随"大部队"前进，就完全有可能被同类当成弱者吃掉。

在它们成群结队、极具破坏性的征途中，其实并非什么都吃。它们最爱吃的是植物种子以及植物中其他富含蛋白质的部分，另外它们也爱吃同类中的弱者。

为查明蟋蟀的营养需求，科学家拿来三只装有食物的培养皿。一只装的是高蛋白、低碳水化合物的食物，一只装的是低蛋白、高碳水化合物的食物，还有一只装的是前面两种食物每样的一半。结果，蟋蟀非常明显地偏爱高蛋白食物。另外它们也喜欢含盐量高的食物。

当科学家把蟋蟀"禁锢"在试验箱中，箱中有高蛋白和碳水化合物两种食物可供选择时，它们先饱餐高蛋白食物一天，然后就蜂拥抢吃碳水化合物。看来，它们并非不讲究"膳食平衡"。

科学家推测，因为其生存环境中缺乏蛋白质，所以蟋蟀被迫疯狂地迁徙。为确认这种推测，科学家用胶带把一些蟋蟀粘在麦秆上，结果，这些被粘住的蟋蟀一下子就被饥饿的同类给"解决掉"了。接着，那些吃掉同类的蟋蟀奋力追赶已往前走的同类，一是担心自己也被吃掉，二是需要尽快到达能提供更多蛋白质和盐的"乐土"。

这一发现有助于抵御包括蝗虫灾害在内的各种虫害。农民可以选种那些不被蟋蟀看好的作物；其次，杀虫剂如果能用蛋白质做诱饵，可能更具杀伤力。

89. 科学家对蟋蟀进行试验的目的是：

A 弄清它与蝗虫的区别	**B** 搞清它最爱吃的食物
C 研究它有何营养价值	**D** 看它能否当人的食物

90. 蟋蟀为什么会吞噬同类？

A 为争夺食物	**B** 为争夺地盘
C 为争夺配偶	**D** 摄取蛋白质

91. 蟋蟀为什么要疯狂地向前跑跳？

A 锻炼腿部力量	**B** 躲避天敌捕杀
C 怕被同类吃掉	**D** 寻找饮用水源

92. 科学家通过对蟋蟀的研究，可以解决农业上的什么问题？

A 发展绿色农业	**B** 种植高蛋白作物
C 用蟋蟀改良土壤	**D** 研发灭虫害药物

93–96.

星期天，几位军人请假去野外采摘雪莲。行前，他们作了充分准备：水壶、干粮、药品，一应俱全。哪知转了一上午，也没发现雪莲的影子。正准备返回时，一只小狼出现了。这只小狼走起路来一瘸一拐的。小狼也发现了他们，想跑，但心有余而力不足。几位军人把它逮住了，也算不虚此行。当他们发现小狼的伤口时，恻隐之心油然而生，当即拿出随身携带的急救包，为小狼细心地包扎。刚把这个不够专业的活儿干完，远远地跑来一只老狼。不用说，它是来找孩子的。大家都知道，老狼看见孩子在别人手里，一定会拼命的。军人虽然不怕死，但也不免有些害怕。他们把小狼放了，然后若无其事地赶路。老狼将自己的孩子收到身边，并未立即投入战斗，而是不紧不慢地尾随着他们。军人们想，老狼准是在选择下手的时机，反正我们好几个人，对付一只狼应该不在话下。于是他们保持着高度的警惕，作好了随时与狼进行恶战的准备。然而老狼一直与他们保持着不远不近的距离，弄得军人们更加忐忑不安。当走到一处悬崖的时候，他们发现了一株硕大的雪莲，他们是为寻找雪莲而来的，这时却没有了摘雪莲的心思。况且，那雪莲长的地方太陡峭，根本上不去。正想着，只见那只老狼一个飞跃，将雪莲叼在嘴里！

老狼将雪莲往地上一放，带着孩子往回走了。

都说狼是凶残的，但这次经历分明让人看到了狼善良的心地。我们常把有良心、善心说成是“人性”，好像只有高级动物的人才配拥有。事实上，这种“善心”是一种“动物性”，世间大多数动物都有向善之心、报恩之心，只不过我们人类很少注意罢了。人类在忽视动物“善心”的同时，反而把这种共性抢夺过来，看成人类独有的美德。看看狼吧，它们比我们人类逊色多少呢？

93. 军人们逮住小狼时，心情是怎样的？

A 手舞足蹈　**B** 有点害怕　**C** 有成就感　**D** 不知所措

94. 军人们为什么给小狼包扎伤口？

A 搞实验　**B** 同情它　**C** 练技术　**D** 引老狼

95. 老狼出现时，军人们的心情是怎样的？

A 都很坦然　**B** 有些担心　**C** 平静如水　**D** 准备搏斗

96. 老狼将雪莲往地上一放，带着孩子往回走了，这一行动让军人感到：

A 出乎预料　**B** 胆战心惊　**C** 受宠若惊　**D** 眼花缭乱

97–100.

那年，我每逢双休日就到姨妈的小饭店帮忙。

那是个黄昏，店里来了一对特别的客人——父子俩。父亲是个盲人，一张密布着重重皱纹的黝黑的脸上，灰白无神的眼睛茫然地直视着前方。他身边是个二十来岁的小伙子，小心地搀扶着父亲。小伙子衣着寒酸，却掩饰不住沉静的书卷气，看起来是个正在求学的学生。小伙子把父亲搀到一张离我收银台很近的桌子旁坐下。“爸，您先坐着，我去点菜。”小伙子放下手里的东西，来到我面前，大声说道：“两碗牛肉面。”我正要开票，他忽然朝我摇了摇手。我诧异地看着他，他歉意地笑了笑，然后用手指指我身后的价目表，小声告诉我，要一碗牛肉面，一碗清汤面。我先是怔了怔，接着恍然大悟。我会意地冲他笑了笑，开了票，他脸上露出了感激之情。

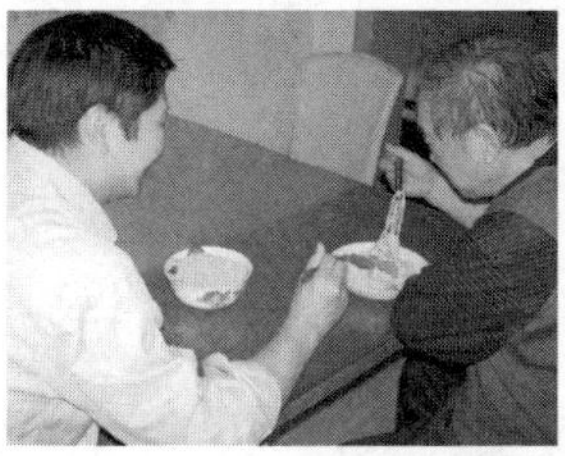

很快两碗热气腾腾的面端来了。小伙子把牛肉面移到父亲面前，细声地招呼道：“爸，面来了，小心烫着。”自己则端过那碗清汤面。

父亲并不着急吃，摸摸索索地用筷子在碗里探来探去，好不容易夹住一块牛肉，就忙不迭地往儿子碗里夹。“吃，你多吃点儿。”父亲慈祥地说着，脸上的皱纹布满了温和的笑意。小伙子并不阻止父亲，默不作声地接受父亲夹来的牛肉，然后再悄无声息地把牛肉夹回父亲碗里。周而复始，父亲碗里的牛肉似乎总也夹不完。父亲果然被瞒住了，“这个饭店真厚道，面条里有这么多肉。”我在一旁听着，不由得一阵汗颜。

小伙子趁机接过话茬儿：“爸，您快吃吧，我碗里都装不下了。”父亲笑了：“好，好，你也快吃。”说着，终于夹起一块牛肉，放进嘴里慢慢咀嚼起来。

很多年过去了，我一直不曾忘记这对父子，不知他们今天可好。

97. 小伙子为什么要大声说“要两碗牛肉面”？

A 让厨房师傅听到　　B 故意让父亲听到

C 怕开票的听不清　　D 小伙子的嗓门大

98. 小伙子为什么没为自己要牛肉面？

A 他不爱吃牛肉　　B 他不舍得花钱

C 父亲没让他买　　D 吃一碗就够了

99. 听到“这个饭店真厚道，面条里有这么多肉”时，“我”为什么“不由得一阵汗颜”？

A 很受感动　　B 深感惭愧　　C 感到自豪　　D 很是满足

100. 这对父子哪方面给“我”留下了深刻的印象？

A 儿子故意欺负父亲　　B 父子间深厚的亲情

C 儿子对父亲不诚实　　D 这对父子很是可怜

阅读专项训练（七）参考答案

第一部分

51. B	52. D	53. A	54. C	55. A
56. A	57. B	58. D	59. D	60. C

第二部分

61. C	62. D	63. A	64. A	65. A
66. B	67. A	68. B	69. B	70. D

第三部分

71. A	72. E	73. D	74. B	75. C
76. C	77. E	78. D	79. B	80. A

第四部分

81. B	82. A	83. B	84. C	85. B
86. B	87. A	88. D	89. B	90. D
91. C	92. D	93. C	94. B	95. B
96. A	97. B	98. B	99. B	100. B

阅读专项训练（七）答案详解

第一部分

51. B项中“于是”前后的小句，有明显的因果关系，因此“于是”应改成“所以”。“于是”和“所以”的主要区别是：“于是”表示后一事紧接着前一事，后一事往往是由前一事引起的，如：“看到任萍哭得那么伤心，我于是决定留下来劝劝她。”“所以”表示结果，常与“因为”搭配使用，如：“因为感冒了，所以太吉这两天没来上课。”当然有些事可以看成前后相承关系，也可以看成因果关系，这时用“于是”或“所以”都是可以的，如：“我学习汉语是受哥哥的影响，哥哥来北京大学留学，于是(所以)我也来了。”

52. D项中的“……没调整过去”应改成“……没调整过来”。复合趋向动词“过来”用在动词后，表示回到原来的、正常的或较好的状态，如：“他太累了，睡了一天一夜才醒过来。”“过去”用在动词后，表示失去正常的状态，多用于不好的意思，如：“听到儿子出事的消息，她一下子晕过去了。”

53. A项中的“……正努力保持和发扬了……”有矛盾，应改成“……在努力保持和发扬着……”。

54. C项中两个小句的关系不是条件关系，而是转折关系，应用关联词“尽管……，仍……”来表示。

55. A项中应是“我受到父母”；另外，“招待”的对象应为客人，父母对孩子应该用“关心”。

56. A项中的“进行……反省错误”有语法错误。因为“进行”只能带双音节动词，后面不能再带宾语，所以要删掉“错误”。

57. B项中的“最多五万元以上”表达的数目不清，应删去“最多”。

58. D项中的“反而”表示跟上文意思相反或使人出乎意料。用在这里属于副词误用，因为上下文的意思是顺着说下来的。

59. D项中的“这一环节……正是……现象”有误，应去掉“正是”，让“出现”做谓语。

60. C项中的“……鼓掌起来”搭配有误，应改成“鼓起掌来”。类似的还有“读起书来”、“唱起歌来”、“跳起舞来”、“写起信来”、“打起电话来”等。

第二部分

61. 从第一个空以及后边的语段来看，这里只能填入“被”。所以C项是正确答案。

62. 从第一个空来看，可填入“爱好”和“习惯”，因为“培养……爱好”、“培养……习惯”可以搭配，而“风气”、“习俗”不是教育培养出来的，这样就排除了A、B两项；

再看第二个空，"并且"和"进而"都可以填入；最后看第三个空，"同时"能填入，而"总之"不行，应排除C项。所以D项是正确答案。

63. 从第一个空来看，可填入"独特"、"罕见"、"特殊"，排除了B项；再看第二个空，"美称"和"称号"都可填入，又排除了D项；最后看第三个空，可填入"适宜"，因为它是合适的意思，既是形容词也是动词，可以带宾语。如："这种花需要适宜的阳光，你要让它常见见太阳。"又如："这里的冬天不太冷，夏天也不太热，非常适宜我们生活。"而"合适"不能带宾语。所以A项是正确答案。

64. 根据词的含义和用法，填入第一个空的只能是A项的"设立"。所以A项是正确答案。

65. 从第一个空来看，可填入"大"和"小"，因为湿度论大小，排除了B、C两项；再看第二个空，可填入"感觉"，"理解"不能搭配，又排除了D项。所以A项是正确答案。

66. 首先来分析一下第一个空的四个备选词："关怀"的对象多半是人，有时是事业，通常是上对下。如："她虽退休了，可一直关怀着儿童村的孩子们，经常前去看望。""孝敬"的意思是送礼物给长辈，表示敬意，如："每次回家探亲，他都要带些补品孝敬父母。""赡养"的意思是供给生活所需，通常指子女对父母在物质上和生活上进行帮助，如："儿女有赡养父母的义务。""关心"表示把人或事物放在心上，重视和爱护，如："大家都很关心你的健康。"这样一分析，就知道第一个空只能填入"孝敬"和"关心"，排除了A、C两项；再看第二个空，填入"选择"是合适的，而"礼品"在本句里是不搭配的，又排除了D项。所以B项是正确答案。

67. 从第一个空来看，要求填入土地的量词，这里可填入"块"、"片"或"亩"，排除了D项；再看第二个空，要求填一个能与"名扬"搭配的词，"四方"、"附近"和"周围"都可填入；再看第三个空，"向往"、"羡慕"和"热爱"也都可填入；最后看第四个空，只能填入"目光"，排除了B、C两项。所以A项是正确答案。

68. 从第一个空来看，可填入"争取"或"吸引"，排除了C、D两项；再看第二个空，填入"因为"或"由于"都是可以的；最后看第三个空，这里只能填入动词"体会"，而排除了名词"心得"。所以B项是正确答案。

69. 从第一个空来看，要求填入一个"应该有"这样意思的词语，在四个备选词中只有"不可缺少"能表示这个意思。所以B项是正确答案。

70. 从第一个空来看，四个备选词都可以填入；再看第二个空，可填入"困难"和"辛苦"，排除了B、C两项；最后看第三个空，只能填入"特殊"，又排除了A项。所以D项是正确答案。

新汉语水平考试

HSK（六级）

阅读专项训练

（八）

阅 读

第一部分

第 51-60 题：请选出有语病的一项。

51. **A** 因为感冒了，于是他两天没来上课，一直在宿舍里躺着。
   B 老师一提问，我就不免有些紧张，会说的句子也不会说了。
   C 你可不要瞧不起这只小小的温度计，人在生病的时候还真离不开它。
   D 我爸爸常年在外工作，很少回家，家里大大小小的事都靠妈妈一个人。

52. **A** 我越来越认识到是否多读书，也是提高一个人写作水平的途径之一。
   B 春节期间有很多同志都坚持工作，尽管他们也很希望和家人团聚。
   C 我校中英文文秘、经济管理和外贸专业常年招生，欢迎大家来电咨询。
   D 范仲淹"先天下之忧而忧，后天下之乐而乐"的高尚品质，至今仍为人们所歌颂。

53. **A** 不是他的毛病，就是你的毛病，再不就是我的毛病。
   B 加丽娅尽管跟我很好，但我们之间从来没有明确表白过爱情。
   C 信息化已成为衡量一个国家现代化水平和综合国力的重要任务。
   D 我们向列车开去的方向挥着手，直到看不见列车的影子才往回走。

54. **A** 夜里也不知是什么时候，突然下起淅淅沥沥的小雨来。
   B 两人一面溜达着，一面闲谈着，不知不觉地来到了江边。
   C 你要看就拿去看吧。这本书我只浏览了一遍，还没时间仔细看。
   D 球馆设施齐全，可为乒乓球爱好者提供球拍、球衣、球鞋和衣柜等乒乓球器材。

55. **A** 你死了这条心吧，我不会答应你的要求的。
   B 当亲民党访问团来到长沙时，受到了长沙人民的热情接待和热烈欢迎。
   C 各人的个性和爱好是不同的，因此，你感到有趣的事情，别人不一定会觉得有趣。
   D 他这个人素来被人们称为好好先生，今天居然发了这么大的脾气，一定是有什么缘故的。

56. **A** 广场上灯火辉煌,人们在表演着各种各样的文艺节目。
B 这个总结对部门一年来的工作进行了回顾,并作出了客观的评价。
C 多年不回家了,今天一走进家门见父母都很硬朗,心中感到非常高兴。
D 不仅人们对经理的做法议论纷纷,但是她却像没听见一样,依旧坚持去做。

57. **A** 虽然不说话,但她的眼神里暗含着的意思我是领会的。
B 他的服务态度好极了,不管什么样的顾客,他总是耐心热情地接待。
C 戏水的鱼群在水面上闪烁着点点银光,宛如夏天晴空中点缀的繁星。
D 我虽然只去过一次北京,却北京人的热情和友好给我留下了深刻的印象。

58. **A** 中国人见我是黄头发的外国人,都打招呼我,他们都很热情。
B 他在这个城市工作了三十几年,直到退休后才回到自己的故乡。
C 那时儿子刚毕业参加工作,很难有时间回来,家里不免冷冷清清。
D 节目之所以以魔术为主题,是因为魔术文化在中国源远流长,具有广泛的群众基础。

59. **A** 每一个有志青年都要提高和充实自己的业务能力和思想修养。
B 世界杯必须要有人看,要靠卖票和出售电视转播权赚钱,因此就需要魅力。
C 俗话说得好,“有啥别有病,没啥别没钱”,有个健康的身体就是最大的财富。
D 尽管萝卜白菜,各有所爱,但喜爱体育项目却不爱足球的,恐怕不多,这是公认的第一运动嘛。

60. **A** 没想到,狭窄的街道两侧也充满了汽车。
B 尽管我向她反复说了不去她家的原因,但她还是生气了。
C 家家有本难念的经,听了欣瑜讲述的自家事,相信很多人都有同感。
D 人们都说杨月打扮得很漂亮,我从上到下看了她半天也看不出哪儿漂亮。

第二部分

第 61–70 题：选词填空。

61. 在才智______，我平生最佩服两种人：一是有非凡记忆力的人，一是有______口才的人。也许这两种才能说的是一种，能言善辩是以博闻强记为______的。

A 考试　杰出　基本　　B 方面　出色　前提
C 情况　聪明　基础　　D 问题　坚定　根本

62. 追求健康长寿，远离疾病困扰，是所有人的共同______，没有国别之分。在各国均______老龄化的今天，人们追求健康长寿的______更加迫切。

A 愿望　面临　心情　　B 理想　现实　思想
C 愿意　面对　盼望　　D 向往　免费　表示

63. 16 岁的玲玲辍学了。因为那时家里太穷，她无法通过学业这条路去成就什么______，这正好给了她一个______，把自己想到的，一步一步用双手去______。

A 事情　时候　到达　　B 成绩　机遇　完成
C 工作　时机　达到　　D 事业　机会　实现

64. 儒家思想在中国文化中______主流地位，从孔子开始，逐渐形成并塑造了中国人的行为______，______中国人的日常伦理与所追寻的价值贡献甚大，______，孔子被尊称为"至圣先师"。

A 居　模式　对　因此　　B 涨　规范　给　为此
C 有　模样　使　故而　　D 拥　方式　从　所以

65. 在人们的日常生活中，我们______见到有人乐观，有人悲观。为什么会这样？______，外在的世界______没有什么不同，______个人内在的处世态度不同______。

A 连忙　事实　也　于是　而已　　B 常常　实际　倒　只有　的了
C 往往　其实　并　只是　罢了　　D 马上　本来　却　因为　似的

66. 中国古代哲学有"天人合一"的学说，______是说，天与人是______联系在一起的。武术家也______，人体运动______顺应天体的变化，才能______锻炼的效果。

A 里面　内在　看作　只是　得到　B 意思　紧密　认为　只有　达到
C 全文　全面　看成　只要　取得　D 大概　部分　认为　只有　拿到

67. 做主妇______是一件幸福的事情，在油盐酱醋茶的______里，有了她们，家才能称其______家。但做主妇又是辛苦的，苦的并不仅仅是10年、20年______一日的家务劳动，更是她们为了家庭所作的种种______。

A 本来　忙碌　为　如　牺牲　　B 向来　急迫　是　像　去世
C 一再　繁忙　归　若　逝世　　D 平时　连忙　似　同　奉献

68. ______，语文是人文性与工具性统一的学科，片面地______人文性______工具性，都是不可取的。而从教学实践看，人文性的一面相对而言是______弱势的。

A 众说纷纭　注意　并　真　　B 总而言之　关注　而　挺
C 无可奈何　重视　和　极　　D 众所周知　强调　或　较

69. 该学校在前一天刚刚______过毕业典礼，学生在领取了毕业证和学位证之后便纷纷开始______行囊，______正式______自己的校园生活。

A 进行　干净　计划　再见　　B 举行　收拾　准备　告别
C 召开　打扫　打算　结束　　D 闭幕　托运　估计　分手

70. 随着休闲______的增多，居民不再仅仅______于物质生活的丰富，而是更加注重精神生活的______，______节假日旅游、在餐馆用餐、购书读书的人不在少数。

A 日常　乐趣　精益求精　休养　　B 前途　兴趣　津津有味　使用
C 时间　满足　丰富多彩　利用　　D 时代　满意　五花八门　运用

第三部分

第 71–80 题：选句填空。

71–75.

我很小的时候，父亲在邻村的一个砖瓦厂做苦工，经常很晚才回家。母亲总是做好了晚饭，等父亲回来后才开饭。我不乐意，母亲却总是让我等等。直到父亲回到家，(71)＿＿＿＿＿＿＿。

后来我上学了，有时在学校做完功课，回到家，发现父母亲竟还没吃晚饭。次数多了，我疑惑不解地问母亲，在家没什么事为什么不早点儿吃晚饭呢？(72)＿＿＿＿＿＿＿。父亲说，母亲一定要等我回了家，晚饭才能吃得安稳。

时光流逝，现如今，我已经成家立业。父母随着我到了城里，母亲仍然操劳着我们的起居生活。那天单位聚餐，早上上班之前，我告诉母亲晚上不要等我吃饭了。母亲应了一声。可是，近九点我回到家时，全家人还在等我吃晚饭。(73)＿＿＿＿＿＿＿：我不是说过不要等我吃晚饭了吗？

母亲似乎想起了什么，连说自己年纪大了，记忆力不好，将我交代的事情给忘了。她还说，等全家人都到齐了，吃个团团圆圆的晚饭，(74)＿＿＿＿＿＿＿。我说，为什么不打我的手机问问呢？新婚的娇妻插嘴了，她曾经提议过打手机，可我母亲怕我在骑摩托车时接电话不安全，坚持不让打。我听后，沉默许久。

那天的晚饭，尽管已经很饱了，但我还是又吃了一点儿。不为别的，我不能让母亲感到失望。

全家人坐在一起有说有笑地吃晚饭，(75)＿＿＿＿＿＿＿。

A 我责怪母亲
B 母亲笑而不答
C 我们家才开始吃晚饭
D 或许是天下所有父母的心愿
E 这已经是快一辈子的习惯了

76–80.

西汉年间有个叫乌处子的太监擅长一种当时很流行的战棋。恰好皇上也喜好这种游戏，于是经常让他陪着下棋。一天，皇上在山林打猎，小憩时又棋兴大发，便和乌处子对弈起来。突然，一只小鹿不知从哪儿窜了出来，(76)____________。皇上丢下棋子，对乌处子说："等一会儿，待朕逮住它后，再来与你较量。"说罢，拿起弓箭，策马追鹿去了。

皇上逮住那只小鹿时已是傍晚时分，于是便打道回宫。第三天下午，皇上又传乌处子下棋，(77)____________，乌处子还在山林里，已经奄奄一息了。

皇上派人将他抬回，又找来御医。御医一看，说："无大碍，是饿坏了。"等乌处子苏醒过来后，皇上问道："你独自一人留在山林里干吗？"乌处子说："奴才等陛下回去下棋！"皇上一听，大为震惊，自己早忘了山林里还有一盘没下完的棋。(78)____________，他压根儿就不信宫中还真有这样忠诚得有些"愚"的人。感动不已的皇上当即赏了他五百匹丝绸。

对乌处子的做法，也有人不以为然。第二天，就有一个大臣问乌处子："你是惧怕皇威，不敢擅自回宫吧？"乌处子说："皇上是圣明之人，我等他一个白天就行了，如果我当晚回宫，他会怪罪我吗？"对方狡黠一笑："看来，你是想通过此举博得皇上的宠幸和赏赐啊。"乌处子说："如果我饿死在野外，再大的赏赐又有什么意义？"大臣大惑不解："那你为什么要在山林里苦等？"乌处子平静地说："(79)____________，作为一国之君，他的守信对于臣民而言是一件多么重要而又紧迫的事！"大臣一听，惭愧而退。皇上后来也知道了乌处子和大臣的对话，(80)____________，觉得他是一个难得的忠义之士，便让他当了后宫的财务总管。

A 手下人报告说
B 又迅速溜走了
C 若不是亲身经历
D 对他更加赞不绝口
E 我只是想让皇上明白

第四部分

第 81–100 题：请选出正确答案。

81–84.

一个风雨交加的夜晚，一对老夫妇匆忙走进一家旅馆，要求住宿一晚。旅馆的夜班服务生礼貌地说："非常抱歉，今天的客房已经被订满了。不过，你们可以睡在我的房间。它虽然很简陋，但还是挺干净的。我要值班，可以在办公室休息，顺便处理有关账务的问题。"

老夫妇大方地接受了他的建议，并为给服务生造成的不便致歉。第二天，雨过天晴，老先生前去结账时，柜台前仍是昨晚的那位服务生。服务生依然亲切地说："昨天您住的并不是饭店的客房，所以我们不能收您的钱。"

老先生点头称赞："你是每个旅馆老板梦寐以求的员工，或许改天我可以帮你盖栋旅馆。"服务生觉得有些受宠若惊，但是因为这个说法实在太夸张了，所以他只把它当成一句玩笑。

两年后，这位服务生收到老先生寄来的挂号信，信中说了那个风雨交加的夜晚发生的事，另外还附了一份邀请函和来回纽约的机票，邀请他到纽约一游。

在曼哈顿的一个路口，服务生遇到了当年的旅客，老先生指着路口矗立着的一栋华丽的新大楼说："这是我为你盖的旅馆，希望你来为我经营。记得吗？我在当时曾提出这样的邀请，告诉你吧，我可是认真的。"

这位服务生惊喜万分，说话都变得结结巴巴："你是不是有什么条件？你为什么会选择我呢？你到底是谁？"

"我叫威廉·阿斯特，我没有任何条件，我说过，你正是我梦寐以求的员工。"

这栋旅馆就是华尔道夫饭店，这家饭店在 1931 年启用，是纽约尊贵地位的象征，也是各国高层政要造访纽约时下榻的首选。当时接下这份工作的服务生就是乔治·波特。

81. 服务生为什么不收老先生的钱？

A 没让他住在旅馆　　**B** 没向他提供客房
C 住办公室不收钱　　**D** 服务不周很抱歉

82. 哪些话语使服务生受宠若惊？

A 老先生祝他做个好梦　　**B** 老先生夸奖他服务好
C 老先生说帮他建旅馆　　**D** 老先生的玩笑很逗人

83. 那位老先生是做什么的？

A 纽约市长　　**B** 高层政要　　**C** 旅馆老板　　**D** 建筑工程师

84. 那位老先生为什么把新旅馆无条件地交给这位服务生来经营？

A 服务生有显赫的背景　　**B** 想让服务生接他的班
C 他对服务生高度信任　　**D** 他夫人喜欢这位服务生

85–88.

有一个天使，送信的时候在人间睡着了，醒来后，他发现翅膀被人偷走了。没有了翅膀的天使，能力比普通人还要差。他又冷又饿，来到一家门口。

"我是天使，请把门打开。"这家人打开门，看见天使被雨淋了，衣服皱巴巴的，问："你给我们带来了什么礼物？"天使回答："我的翅膀丢了，回不到天堂去，没有礼物。""没有翅膀和礼物的天使不算天使！"这家人把门关上了。他敲第二家、第三家的门，都遭到了拒绝。

天使没有办法，只好蹲在村口哭。一个牧羊人看天使可怜，把他带回了家。天使吃饱了饭，穿上了暖和的衣服，对牧羊人诉说了自己的遭遇。牧羊人说："即使你不是天使，我也会给你一顿饭吃的。如果你没有别的事做，就留下来和我一起牧羊吧。"

天使在人间的确不会什么手艺，便牧羊。天使每天梳理一些羊毛留下，日积月累，为自己织了一双羊毛翅膀。在牧羊人目瞪口呆的注视下天使飞走了。

过了几天，天使来答谢牧羊人，问他要什么。牧羊人说："让我增加 100 只羊吧。"羊群中果然增加了 100 只羊。牧羊人比过去更累了，他找到天使，请他把 100 只羊收回去，再为自己盖一所大房子。牧羊人在大房子里住着，发现到处都是灰尘，打扫不过来。他又用房子换了一匹马。牧羊人骑在马背上，不知要到什么地方去，就把马还给了天使。天使问："你还要什么？"牧羊人回答："什么也不要了。"天使说："人从来都有很多愿望的，你难道没有吗？"牧羊人回答："愿望实现之后，我才知道我不需要这些东西，它们反而成了我的累赘。"

天使说："我送给你一件无价之宝，那就是性格。你想有什么样的性格？"牧羊人说："我已经有了这样的性格，那就是知足。"

85. "你即使不是天使，我也会给你一顿饭吃的"这句话表明了牧羊人很：

A 慈祥　　**B** 善良　　**C** 宽容　　**D** 小气

86. 在天使飞走时，牧羊人为什么目瞪口呆？

A 惊慌失措　　**B** 出乎意料　　**C** 胆战心惊　　**D** 防不胜防

87. 天使是怎样报答牧羊人的？

A 给他满屋灰尘　　**B** 给他送去劳累

C 要什么给什么　　**D** 让他不辨方向

88. 本文想说明一个什么道理？

A 要知恩图报　　**B** 欲望无止境

C 知足者长乐　　**D** 要善待生命

89–92.

传说古时候成都有个万宝酱店，老板姓温，有一个女儿，名叫巧巧。巧巧就像她的名字一样，心灵手巧，是个谁见谁夸的好姑娘，只可惜长了一脸麻子。巧巧长大以后，跟附近一个油坊的陈老板结了婚。陈老板以前是个穷苦人，不嫌妻子脸上有麻子，夫妻俩相敬如宾，共同努力，日子过得很不错。

不幸的是，结婚以后没几年，陈老板就在一次运油的路上意外死去。巧巧忍住悲痛，和小姑子一起，没日没夜地干。可是，油坊里都是力气活儿，女人哪儿干得了，油坊终于关门了。

邻居们见这姑嫂俩实在可怜，就经常给她们送点儿吃的。特别是两边的豆腐坊和羊肉店，过年过节时总不忘给她们送些豆腐和羊肉。巧巧和小姑子商量："邻居们这么照顾我们，我们请大家吃顿饭吧。"小姑子说："嫂子说得对！我也总想，这样吃别人的不好意思。可是我们拿什么请客呢？"姑嫂俩想了很久，终于想出了一个主意：把邻居送来的羊肉切得小小的，加上自己种、自己做的麻辣香料，和豆腐一起炖，就成了香辣美味的羊肉豆腐。请客那一天，邻居们都来了，吃着巧巧姑嫂做的这道菜，大家赞不绝口。

后来，巧巧姑嫂就把自己住的房子改成了小吃店，专卖这种香辣美味、价廉物美的羊肉豆腐，生意好极了。巧巧死了以后，人们为了纪念她，就把这种菜叫做"麻婆豆腐"。

89. 巧巧结婚后，丈夫跟她相处得怎么样？

A 他们生活得很美满　　**B** 他们三天两头吵架

C 他们过着很贫穷的生活　　**D** 他们过着很富裕的生活

90. 巧巧家的油坊为什么开不下去了？

A 没有原料　　**B** 没有本钱

C 产品没销路　　**D** 没有人干力气活儿

91. 姑嫂俩为什么要请邻居吃饭？

A 为了开小吃店　　**B** 回报邻居的帮助

C 为了求邻居帮忙　　**D** 想试试自己的手艺

92. 为什么人们把羊肉豆腐叫做"麻婆豆腐"？

A 好吃　　**B** 价廉物美

C 为了纪念巧巧　　**D** 巧巧的手艺好

93–96.

从清末到民国，京城长期是鲁菜的天下，也有几家淮扬菜、粤菜和闽菜的餐馆，都不过是鲁菜的陪衬而已。鲁菜口味以咸鲜为主，不沾辣和麻，虽然也有“醋椒鱼”之类的名菜，但此“椒”只是胡椒而已。由此可以看出当时人们口味的偏好。

据老一辈美食家回忆，四川餐馆在建国初期只有一家在经营，地点在沙滩附近，挨着当时的北京大学。虽说只有三间旧民房，但有些菜比成都的馆子做得还要好，因为老板曾是某位四川籍国会议员的家厨。该议员在北洋政府后期回乡后，厨子留在北京，于是就有了这家川菜馆。

到了建国10周年时，颇有名气的川菜馆已有三家，即前门大街的力力餐厅、西单商场的峨嵋酒家和西绒线胡同的四川饭店。四川饭店和力力餐厅的匾额，都出自郭沫若之手，他是四川人，对川菜颇有感情。峨嵋酒家的店名则为梅兰芳所题，这位京剧大师也是美食行家，虽说为保护嗓子不近辛辣，但对峨嵋酒家的菜却多有好评，足见此处川菜并非一团麻辣。

如今，川菜在京城的地位更是扶摇直上，仅在饭统网上挂号的川味餐厅，就有3590家，如果算上街头巷尾的“成都小吃”店和麻辣烫摊点，数量起码还得翻番。这些餐馆所经营的川菜，基本上都是麻辣一路，否则难以揽客。

对于川菜的麻辣风，一些老四川颇不以为然。祖籍成都久居沪上且精于美食的唐振常先生，就曾多次撰文为川菜正名，说是川菜的精华并不在辣，过去考究人家正式宴客，往往无一菜有辣味，只不过用小碟放些辣椒，供客自选为佐料而已。

川菜之麻辣等级不断升级，全然是市场的力量。食客嗜好麻辣，老板只有逢迎，否则饭馆必然关张大吉。

93. 在清末到民国期间，北京各餐馆以经营什么菜为主？

A 鲁菜　　**B** 粤菜　　**C** 闽菜　　**D** 川菜

94. 建国初期，京城为什么会有一家川菜馆？

A 满足北大学生的需要　　**B** 满足一些官员的需要

C 满足美食家们的需要　　**D** 有川菜厨师留在北京

95. 如今，川菜在京城的地位为什么会扶摇直上？

A 价格相对便宜　　**B** 名家极为吹捧

C 很多顾客喜欢　　**D** 政府积极鼓励

96. 下面哪项最适合做本文题目？

A 教你学学做川菜　　**B** 京城名菜多麻辣

C 川菜是最受欢迎的　　**D** 川菜是怎么被麻辣的

97-100.

妈妈担心的事终于发生了，那是女儿四岁那年的一个春天的午后。女儿突然急急忙忙跑回家，拿只小板凳垫着脚对着墙上的镜子左照右照，终于照到那个拇指大的黑色胎记，她哇地一声大哭起来，问妈妈："妈妈，我是不是魔鬼变的？"妈妈的心往下一沉，说："你是妈妈最爱的女儿呀，怎么会是魔鬼变的？"女儿说："其他小朋友都说我脸上有黑色印记，是魔鬼变的。"妈妈说："不是，小朋友在胡说，那印记是妈妈的亲吻。"女儿不相信，说："那别的妈妈也亲吻他们的孩子，他们脸上为什么没有？"妈妈抱起女儿，又亲吻了一下儿，说："要有很多很多的亲吻才会有这个印记，别的妈妈亲得太少，当然没有，哪有妈妈像我这样爱你呀？"

女儿破涕为笑，她挣扎着从妈妈怀里扑腾下来，花蝴蝶般飞出屋子，对一帮正在桃花树下跳房子的孩子们说："我不是魔鬼变的，我是妈妈最疼爱的孩子，我妈妈亲我太多太多了，就有了这个，你们妈妈不爱你们，所以你们没有。"所有在场的孩子们都看着她，根本不相信她的话，但却找不到反驳的理由，只好任由她洋洋自得，自我陶醉。

妈妈站在窗后看着这一切，她为自己的机智而高兴，她一直害怕这一天，害怕女儿脸上这个黑色胎记会像一朵乌云一辈子压在她心头，让她自卑，让她绝望。现在，她不用担心了。这个春天的夜晚，女儿偎依在妈妈怀里，指着脸上的胎记问："要亲吻多少遍才有这个印记？"妈妈说："要亲吻九千九百九十九回。"女儿咯咯地笑了，她的笑声像山间流水。

多年以后，妈妈去世了，女儿长大了，她有了男朋友。第一次把男友从大学带回了家，也是个春天的晚上，就在那棵桃花树下，男友抚摸着她脸上的胎记，问："你心里不会有阴影吧？这个可以做手术把它去掉。"她果断而自豪地说："才不会呢，这是我妈妈的亲吻，是爱的标记。"

97. 女儿脸上的黑色印记是怎么产生的？

A 魔鬼的痕迹　　**B** 妈妈的亲吻
C 生来就有的　　**D** 伤口留的疤

98. 女儿为什么会破涕为笑？

A 自己是蝴蝶变的　　**B** 得到满意的答案
C 妈妈给他讲笑话　　**D** 妈妈高兴她也高兴

99. 妈妈觉得自己对女儿的答复怎么样？

A 很幽默　　**B** 很机智　　**C** 很沉重　　**D** 很真实

100. 男友为什么告诉她手术可以把胎记去掉？

A 男友为她花钱　　**B** 医院技术先进
C 怕她有自卑感　　**D** 怕她想念妈妈

阅读专项训练（八）参考答案

第一部分

51. A	52. A	53. C	54. D	55. B
56. D	57. D	58. A	59. A	60. A

第二部分

61. B	62. A	63. D	64. A	65. C
66. B	67. A	68. D	69. B	70. C

第三部分

71. C	72. B	73. A	74. E	75. D
76. B	77. A	78. C	79. E	80. D

第四部分

81. B	82. C	83. C	84. C	85. B
86. B	87. C	88. C	89. A	90. D
91. B	92. C	93. A	94. D	95. C
96. D	97. C	98. B	99. B	100. C

阅读专项训练（八）答案详解

第一部分

51. A 项中的“于是”一词用得不对，这里是明显的因果关系，应该用“所以”。
52. A 项中“是否”和“提高……写作水平”不搭配，二者相矛盾，应该删掉“是否”。
53. C 项中的“成为”不能跟“任务”搭配，应把“任务”改成“标准”。
54. D 项中的“球衣、球鞋和衣柜”不属于乒乓球器材，应该将“乒乓球器材”改为“用品”。
55. B 项中有两个语病，第一个是后一小句主语残缺。第二个是“热情接待”和“热烈欢迎”的语序不当。后一小句应改成“他们受到长沙人民的热烈欢迎和热情接待”。
56. D 项中关联词语搭配不当，应把“不仅”改成“尽管”。
57. D 项中“却”的位置错了，应放在主语“热情和友好”的后面，改为“热情和友好却……”。
58. A 项中的“打招呼我”应改为“向我打招呼”。
59. A 项中的“提高”和“充实”语序颠倒，此外这两个动词只能跟“业务能力”搭配，不能跟“思想修养”搭配。
60. A 项中“充满”一词用得有误，应改成“停满”。

第二部分

61. 从第一个空来看，这里实际上是要填入一个能跟“在才智……”构成介词短语的词。四个备选词中，只有“方面”可以搭配，其他三个词都不能构成介词短语。所以 B 项是正确答案。
62. 从第一个空来看，这里要求填入一个名词，所以排除了 C 项动词“愿意”。再看第二个空，A 项的“面临”着重指“面前遇到”，其对象多以比较抽象的事物做宾语，它可跟“老龄化”搭配；B 项的“现实”和 D 项的“免费”都不能与“老龄化”搭配。所以 A 项是正确答案。
63. 从第一个空来看，这里要求填入一个名词，并且要能跟动词“成就”搭配，只有 D 项中的“事业”可以。所以 D 项是正确答案。
64. 从第一个空来看，需要填入一个能跟“主流地位”搭配的动词，备选词中“居”有“处在某个位置或占有某种地位”的意思，其他三个词都不能跟“地位”搭配。所以 A 项是正确选项。
65. 根据第一个空四个备选词的含义和用法，能填入的有“常常”和“往往”，而“连忙”和“马上”不能填入，排除了 A、D 两项；再看第二个空，B 项的“实际”可做名词或形容词，但不能用在句首来连接句子，而 C 项的“其实”是副词，可用在主语前来承接上文，如：“你知道肖明美会说日语，其实她的汉语也非常好。”又排除了 B 项。所以 C 项是正确答案。

66. 把第一个空和第二个空连在一起看，便知 B 项中的“意思”和“紧密”可分别填入，并符合这句话的意思，而其他三组则不符合本句意思。所以 B 项是正确答案。

67. 从第一个空来看，可填入“本来”和“向来”，而“一再”和“平时”不符合这段话的意思，排除了 C、D 两项。再看第二个空，“忙碌”可填入，因为“油盐酱醋茶”确实工作多而繁杂；而“急迫”是“必须迅速处理，不能拖延时间”的意思，如：“任务这样急迫，你还有心思在这儿闲聊！”所以 A 项是正确答案。

68. 先来分析一下填第一个空的四个备选词语：“众说纷纭”是指各种各样的说法很不一致。“总而言之”表示下文是总结性的话，可以用在句首，用逗号隔开，如：“总而言之，我们应该尊重人才。”“无可奈何”表示没有办法，无法可想，如：“如果我们都反对，他也无可奈何。”“众所周知”表示大家都知道，如：“众所周知，夏禹为了治水，在外九年，三过家门而不入。”通过对以上四个词语的分析，“总而言之”和“众所周知”可以填入，排除了 A、C 两项。再看第二个空和第三个空，“关注”和“而”不能填入，而“强调”和“或”可以填入。所以 D 项是正确答案。

69. 从第一个空来看，可填入“举行”、“进行”、“召开”三个词，而“闭幕”跟“过毕业典礼”不搭配，排除了 D 项；再看第二个空，只有“收拾”一词能搭配，“干净”和“打扫”不能搭配，又排除了 A、C 两项。所以 B 项是正确答案。

70. 从第一个空来看，能填入的只有 C 项中的“时间”一词，其他三个词都不能与“休闲”搭配。所以 C 项是正确答案。

新汉语水平考试

HSK（六级）

阅读专项训练

（九）

阅 读

第一部分

第 51-60 题：请选出有语病的一项。

51. **A** 我觉得这几年北京的变化太大了，环境变了，北京人的精神面貌也变了。
    B 稍上年纪的人都会有这样的体会：一个熟悉的人名就在嘴边，却迟迟说不出来。
    C 人们喜欢快餐食品，但很多人未必知道长期食用快餐食品对身体健康并不好。
    D 那天去听马先生讲座的人特别多，我们系的同学不但都去了，连别的系的同学也去了不少。

52. **A** 在我生活最困难的时候，他同情我，帮助我，我对他是非常感激的。
    B 她是个很有才华的舞蹈演员，不幸腿受了重伤，不能再跳舞了，实在令人惋惜。
    C 最近他搜集到两张非常珍贵的八十年前的邮票：一张是本国的，另一张是外国的。
    D 她认为我应该有一份稳定的工作，因为只有这样，她的父母才同意她交往我。

53. **A** 他舍己救人的精神深深地打动了我，于是，我根据他的事迹写了一篇小说。
    B 你答应过小明生日的时候送他一个生日蛋糕，既然答应了就应该买，不能失信。
    C 热点问题常因迅速出现而缺乏足够的心理准备，如果不及时疏导，势必造成混乱。
    D 今天他到北京，我有事没能去机场接他。他倒不十分在乎，可是我心里却很不安。

54. **A** 蜜蜂是人类的朋友，一直以勤劳朴实的风格被人们所称道。
    B 我在更衣室换上了工作服以后，马上就开始了一天的紧张任务。
    C 虎头山是山西省昔阳县大寨村的标志，因其形状像老虎头而得名。
    D 食盐是好东西，对身体健康具有不可或缺的作用，但是食盐摄入量过多却对身体有害。

55. **A** 她的音容笑貌一幕幕地浮现在我的脑海中，久久不能散去。
    B 随着社保制度的进一步改革，养老问题已经成为当今社会关注的热门话题。
    C 此时此刻，当人们都在家里热热闹闹地过节时，工人们却在城市轻轨的工地上紧张地工作着。
    D 学习是一种艰苦复杂的劳动，只有目标明确，方法得当，勇于攀登，坚持不懈，就有希望达到光辉的顶点。

56. **A** 母亲说我不懂礼貌，说话没大没小的，把我狠狠地教训了一顿。

B 中国的南方山清水秀，人也特别热情友好。总之，给我留下了极好的印象。

C 这次期末考试，王平在全班名列第三，但他仍不满意，觉得没有考出自己真正的水平来。

D 第二天中午，经理培训班的学生们照常在会议室上课，进行思维训练，大家越来越非常活跃。

57. **A** 干了两三个月后，他们发现继续留下来是没有前途的，便准备跳槽。

B 听到她的话，我突然感到内心里一阵轻松，好像卸下了沉重的包袱。

C 你们虽然订了婚，可是还没有履行法律，所以不能认为已经是合法夫妻了。

D《茶馆》脱胎于老舍的一个未上演的剧本《人民代表》，是老舍有感于新中国第一部宪法的正式颁布而创作的。

58. **A** 到杭州后，白居易很快就喜欢上了这里，尤其欣赏西湖。

B 既然大家都喜欢听你唱歌，你就别推辞了，还唱一首吧，别扫了大家的兴。

C 作为年轻人，工作压力大点儿没关系，最重要的是希望找到能发挥自己专长的工作岗位。

D 作家是一个神秘的职业，他们喜欢思考，并把自己的思考记录下来。他们的笔触坦率、大胆，让人感到冲击和震撼。

59. **A** 软木作为葡萄酒的瓶塞与酒直接接触能使常年置放的藏酒保质。

B 养成良好的习惯，因为对我们的学业有益，而且还能磨炼我们的意志。

C 领子是一件衬衫的"咽喉"，领围是衬衫的重点，除了领围外，还要注意高度、领型等问题。

D 韩国人家里干净整洁，无论是生活富足的荣柱家，还是日子过得紧巴巴的荣顺家，家里都收拾得一尘不染。

60. **A** 中国一直是一个拥有读书传统的国家。行万里路，读万卷书，是祖先留给我们的珍贵箴言。

B 徐寅生有时也会帮妻子洗洗碗，倒倒垃圾，他把做家务当做消遣。他和老伴经常在上海小住。

C 所谓"裸房"，是指快捷酒店不提供拖鞋、牙刷、肥皂、沐浴液等俗称"六小件"的一次性用品。

D 他非常决心报考北京大学，因此夜以继日地努力学习，但是却在考试之前病倒了，最终没有考上。

第二部分

第 61–70 题：选词填空。

61. 据说苏州园林有一百多处，我到过的不过十多处，其他地方的园林我也到过一些。倘若要我说说总的______，我觉得苏州园林是我国各地园林的标本。各地园林或多或少都受苏州园林的______。因此，如果谁要鉴赏我国的园林，苏州园林就不该______。

A 印象　影响　错过　　**B** 结论　鼓励　丢失
C 评审　感化　弃权　　**D** 看法　感染　遗漏

62. 大学生求职、择业本身就是一种竞争，处在一个优胜劣汰的过程中，______你找到了比较理想的职业，如果没有竞争意识，不______努力，也可能会丢掉这______工作。

A 无论　持续　种　　**B** 如果　陆续　类
C 即使　继续　份　　**D** 固然　连续　件

63. 为提高国民素质，增强体魄，日本政府规定学校提供的午餐中______有牛奶。随着饮料制品的多样化，近年来学校午餐中的牛奶______不是必需品了，但大多数学校还依然______让学生午餐喝一杯牛奶的传统。

A 可能　早已　保护　　**B** 必须　已经　保持
C 尽量　马上　维持　　**D** 至少　顿时　卫护

64. 人最______的是生命，因为生命______，而且不能______，又如白驹过隙般地短暂，所以人们都______善待生命。

A 珍贵　有来无去　错失良机　究竟
B 宝贵　独一无二　失而复得　提倡
C 贵重　爱不释手　风调雨顺　关注
D 宝贝　缺一不可　你死我活　善意

65. 使用一次性筷子的初衷，______是为了讲卫生、减少疾病传播，______实际使用的结果却______，没有完全解决卫生问题，因为一次性筷子在生产、运输、储存环节中，卫生______堪忧。

A 哪怕　否则　守株待兔　状态

B 本来　然而　事与愿违　状况

C 结果　不然　想入非非　形状

D 尽管　反而　前功尽弃　情况

66. 我大学毕业后______到武夷山一家旅游宾馆任部门经理。因为工作关系，我______过来自全国各地的旅游团队，发现许多旅游者来到景区，最有意义的______在旅游区买一些有地方______的纪念品。

A 应聘　接待　莫过于　特色

B 招聘　招待　甚至于　风味

C 邀请　宴请　差不多　习惯

D 申请　款待　巴不得　风俗

67. 每次考试结束后，都有不少学生______语文考试时间太短，作文写不完，而造成这一问题的______则是学生写作速度太慢。写作速度慢，不仅会因行文仓促而______写出优质文章，还会占用其他题目的______，导致语文成绩整体下滑。

A 意见　根源　难免　分量

B 批评　根据　困难　难度

C 抱怨　原因　难以　时间

D 建议　理由　难怪　分数

68. 现在的孩子大都是独生子女，从小在众多长辈______的呵护下长大。他们在家庭中______都是被关爱、被付出的一方，他们几乎无须付出就可以得到他们想要的______，因此很多孩子从小就养成了以自我为中心的习惯，而不______去关心别人、与人分享。

A 千方百计　平时　部分　明白

B 力所能及　向来　整体　理解

C 无微不至　一直　一切　懂得

D 无可奈何　始终　全部　知道

69. 打瞌睡是______的生理现象，人处于完全清醒的状态只能______四个小时，打瞌睡可以为生命充电。但是______老年人哈欠连天，就要考虑是否是脑血管疾病的先兆，要______去医院诊治。

A 正常　维持　假若　及时

B 正式　保卫　假使　按时

C 正确　保持　倘若　赶快

D 恰好　坚持　倘使　连忙

70. 咖啡是一种古老______时尚的饮品。近来，______从本市几家规模较大的咖啡厅了解到，当今，咖啡对人们的吸引力越来越大，特别是年轻人，对咖啡的热爱______。咖啡文化不仅影响着______时尚的人们，而且已经逐渐地融入______我们的生活中。

A 而　笔者　与日俱增　追求　到

B 和　作者　蒸蒸日上　爱惜　来

C 跟　记者　有增无减　爱情　向

D 并　读者　爱不释手　爱好　朝

第三部分

第 71–80 题：选句填空。

71–75.

车胤是晋代人。少年时的他看起来十分地老成世故，这主要是因为他曾经历过家庭的重大变故。幼年时车胤家里条件相对宽裕，（71）________，这种不幸对车胤来说也是一种历练。

车胤决心用自己的苦读来改变家族的命运，（72）________，如果别人需要在他读书的时候找他说话，就必须要用手推一下他的身体，因为如果只喊他的名字的话，全神贯注的车胤是不会注意到的。可是，当夜幕降临时，车胤的苦读就要中断了，（73）________？

萤火虫在夜空中飞舞，发出微弱的光亮。在这种昆虫腹部末端的细胞中，含有一种荧光素，这种荧光素与氧气接触就会发光。车胤抓了几十只这样的萤火虫，放到一个纱布袋中，（74）________，这个世界上独一无二的"灯"就诞生了。微弱的亮光映着车胤兴奋的小脸，映着那给予他力量的书籍。成年后车胤当了大官，（75）________，成人成材，改变了家族的命运。车胤和他的萤火虫朋友们的故事也被后世的人们所传颂。

A 既透气又透光
B 但后来家庭衰落
C 他实现了自己的愿望
D 怎样才能得到更多的光亮呢
E 他学习时注意力非常集中

76–80.

我近视很多年了,(76)________,但工作学习时就必须戴眼镜了。以前曾配过几副眼镜,但戴起来多多少少都有些不合适。前些日子出差到天津,在金街闲逛时碰巧路过一家眼镜店。以前就常听人讲,(77)________,在验光方面有些绝招,于是我决定进去看看。验光师接待了我,听了我的情况后,为我免费进行了检查,并仔细验光,随后帮我分析了原来戴镜不适的原因。验光试镜后,我感觉不错,就试探性地配了副眼镜。

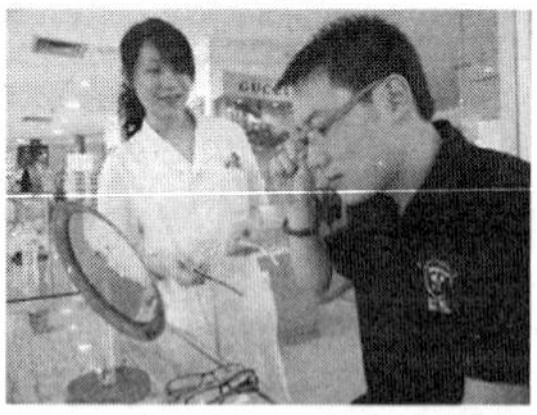

(78)________,很是满意,就顺手将原来的旧眼镜拿出来比较一下。验光师看到我的眼镜后,拿进去进行了一下清洗。我说这副眼镜戴着经常向下滑,而且镜腿腐蚀皮肤,就为了备用,没必要过多讲究。验光师讲,让顾客戴上舒适的眼镜是他们的职责,在这里修理、清洗、整形、加防腐套、配小零部件都是免费的。就这样,一副眼镜经过他们的手后,戴着松紧正好,而接触皮肤处用防腐套隔开也不侵害皮肤了,就连鼻托也给清洗干净了。

回家一个月后,我又接到眼镜店售后服务的回访电话,询问了戴镜情况、有无质量问题等等。(79)________,这家眼镜店确实名不虚传,不但验光好,而且服务更好,让我体验了"明明白白消费"的真正含义。(80)________,都在心里说一声"谢谢"。

A 戴上一试非常舒适

B 平时生活还不碍事

C 我每次戴上这副眼镜

D 这家眼镜店是很老的店

E 我很庆幸这次天津之行

第四部分

第 81–100 题：请选出正确答案。

81–84.

邻居家养了一只花猫，这只猫常来我家做客。饿了，它吃我剩下的饭菜；困了，它就缩在我舒适的床头，呼噜呼噜地睡觉。它的睡相很美，双目微闭，两只毛茸茸的前爪垫着下巴，非常可爱。

这只猫还有一个很美的名字。起先我并不知道，直到有一次，它又在我这儿待了一整天。邻居家的女儿阿珍下班回来，站在院子里用甜美的嗓音大喊："丹丹，丹丹！"开始我还以为她在喊她的小侄女呢，谁想小猫闻声而起，连滚带爬地跳出窗外，找它的主人阿珍去了。我这才知道这猫还有个像人一样的名字。

从此，阿珍也知道丹丹常来我这儿吃住，只要丹丹不在家，她就直接上门来问："丹丹在你家吗？"我往床上一指："在啊！"阿珍看到小猫那副睡相，乐得大笑。这时，我们便谈一些猫事：猫的习性、猫的饮食等等。为了在阿珍面前表现出一副无所不知的博士样子，我花了不少时间查找有关资料。我发现这招儿真灵，渐渐地阿珍跟我越来越近乎了，有时丹丹不来她也来，话题从猫事转到了人事，她对我的工作发生了兴趣。

有一天晚上，阿珍又来找丹丹。我正在沙发上看书，丹丹靠在我身边像个温柔的小姑娘。阿珍见了笑着说："你看呀，丹丹多像你的女儿。"我让座后说："你一天都不能离开丹丹，这么晚了还来找，多像丹丹的母亲呀。"阿珍的脸一下子红了，明亮的眼中掠过一层如烟的柔情，美丽的红唇轻轻地颤了一下，像是在等待着一个美妙的时刻。

半年后，阿珍终于成为了我的妻子，同时嫁过来的还有丹丹。新婚之夜丹丹又习惯地跳上了我们的床。看着丹丹那副悠闲的睡相，我说："丹丹很漂亮。""看来丹丹要跟我争宠呢。"阿珍回答说。我笑了："哪能啊，它最多只是个红娘罢了。"阿珍又乐得大笑。

81. "我"为什么喜欢邻居家的小花猫？

A 它的样子很可爱　　**B** 它是女朋友家的猫

C 它有一个好听的名字　　**D** 它喜欢和人一样生活

82. 那只花猫为什么常来"我"家做客？

A "我"喜欢它　　**B** "我"家的床很大

C "我"家的饭菜好吃　　**D** "我"是它主人的男朋友

83. 丹丹没来"我"家时，阿珍为什么也要来？

A "我"了解猫事　　**B** "我"常骗阿珍

C 阿珍爱上"我"了　　**D** 阿珍有问题问"我"

84. 下面哪项最适合做本文题目？

A 猫为媒　　**B** 邻居家的猫

C "我"是博士　　**D** 丹丹到"我"家

85–88.

他那时候非常痴迷于英语，他把热情和可以利用起来的许多课外时间全都投入到英语学习中去了。他期望将来自己能在这方面有所作为。

一天，他在学校图书馆借到一本《英语常见错误100例》。翻阅后，他爱不释手。归还期到了，他又去办了续借手续。他专门去市里各大书店找这本书，却一无所获。于是他决定采取冒险行动，把这本书占为己有。

经过一番侦察策划，他开始行动了。还其他书时，趁着管理员转身不备，他拿起桌上那枚专用章在借书证上盖了"已还"的字样。他出了一身冷汗，原以为惊险无比的一次行动，就这样顺利地完成了。这事本该这样有惊无险地结束了，但事情却不是那么简单，他没想到，从此，他整日处于极度的恐慌中，老师喊他有事，他会误以为窃书的事被发现了；同学背后议论什么事，他也认为与他做的坏事有关；他甚至不敢再去图书馆，有时在路上看到那位管理员，他的心跳也会突然快起来。他那顽强的失眠症就是从那时开始的。他的成绩一下子就落下去了，由班上的前5名掉到了第21名。

他好几次想去图书馆承认错误，但他没有勇气那么做。他怕同学们用异样的眼光看他，更怕拿不到那张奋斗了四年的毕业证书。这之后将近半年的时间里，他都是在惶恐与自责中度过的。

总算是熬到了毕业，他被分配到外地工作。10天后，他特地利用一个星期天乘车到了另一个城市，然后很郑重地把那本书从邮局寄还给学校的图书馆，署名：一个有愧的学生。

20年后向我讲述这件事时，他再三强调了他寄书后返程时的心情。那本书的价格是7角8分，重量大约不会超过250克。但他竟然就像卸了千斤重的石头一样轻松。他说，他第一次深刻体会到了做人无愧该是多么的重要。

85. 他在借书证上盖了"已还"章后，为什么出了一身冷汗？

A 极为高兴　　**B** 非常害怕　　**C** 天气太冷　　**D** 用力过度

86. 下面哪项不是他窃书成功后的表现？

A 学习成绩下降快　　**B** 不敢再去图书馆

C 患了严重失眠症　　**D** 不回答老师问话

87. 他把那本书寄还给学校图书馆后，心情怎样？

A 很舍不得　　**B** 非常轻松　　**C** 非常后悔　　**D** 心疼花钱

88. 从窃书事件中，他受到什么教育？

A 要打有准备之仗　　**B** 不要做亏心的事

C 不要怕别人议论　　**D** 做事要量力而行

89–92.

很多城市的公交车上都装有移动电视设备，在乘车途中，丰富的电视节目成了不少乘客唯一的消遣。其实，在乘车时，长时间盯着电视屏幕是不科学的。

人眼在看距离相对固定的物体时，睫状肌的收缩和伸张能保持相对稳定，眼睛不会在短时间内感到疲劳。而在公交车上，经常会出现较大的摇晃，电视屏幕也会随车厢一起摇动，为了看清屏幕上的图像和字幕，睫状肌就要被迫不停地调节，这样就容易产生视觉疲劳。

另外，由于公交车上空间有限，车上人多时，有些人会站在电视跟前，有些人则离得较远，为了把图像看清楚，眼睛的调节经常处于紧张状态；还有人站在与屏幕偏斜角度大的地方看，这样更容易产生视觉疲劳；有的人刚好坐在电视下面，要仰着头看电视，时间久了，除了对眼睛有伤害，颈部肌肉也会感到酸痛劳累。

以上这些不恰当的做法，很容易使人出现眼睛干涩、酸胀、疼痛等不适症状，还会加重近视，甚至诱发青光眼急性发作。

所以，在公交车上，最好不要长时间盯着电视屏幕。可以看一会儿，再闭上眼睛休息一会儿，或是看看车窗外的景色，让眼睛充分放松。

89. 在公交车上看电视造成视觉疲劳的主要原因是什么？

A 车上人多太拥挤　　**B** 离电视屏幕太近

C 仰头看电视屏幕太久　　**D** 电视屏幕会随公交车晃动

90. 公交车上哪些人的颈部肌肉会感到酸痛？

A 斜着看电视的乘客　　**B** 站着看电视的乘客

C 离电视机较远的乘客　　**D** 坐在电视机下面的乘客

91. 作者对在家长时间看电视的态度是什么？

A 可以少看一会儿　　**B** 一点儿也不能看

C 文章中没有提到　　**D** 看多长时间都行

92. 下面哪项最适合做本文题目？

A 移动电视设备出现在公交车上

B 乘公交车时不要总盯着电视看

C 公交车如何安装移动电视设备

D 在公交车上怎样才能使眼睛放松

93–96.

冰壶又称为溜石，起源于苏格兰。早在16世纪初，苏格兰人就喜欢在冰上进行一种类似滚球的游戏。

第一次冰壶比赛是1541年2月在格拉斯哥附近举行的，而第一个冰壶俱乐部于1688年成立于金罗斯郡。后来，冰壶运动从欧洲传到了北美。1807年，加拿大成立了冰壶俱乐部。1830年，美国也有了自己的冰壶俱乐部。1838年，苏格兰冰壶俱乐部制定了比赛规则。

20世纪60年代，冰壶运动在很多国家广泛开展起来。1959年举行了首届"苏格兰威士忌杯冰壶赛"，1968年改称"加拿大银扫帚锦标赛"，1986年正式定名为"世界冰壶赛"。

冰壶场地长44.5米，宽4.75米，四周设有高2英寸、宽4英寸的木框，场地中线两侧分别有前卫线、T字线和后卫线。T字线的交叉点就是各方营垒的中心点，以这个中心点为圆心，向外有四个同心圆(依次为白、红、白和蓝色)。冰壶使用不含云母的苏格兰花岗石制成，直径29.19厘米，厚11.4厘米，重19.95公斤，上面安有用于推掷的手柄。

冰壶比赛是两个队对垒，每队4名队员，每局每名队员投两次，共设10局。两个队依次按一垒队员、二垒队员、三垒队员和主力队员的顺序出场，向对方交替推掷冰壶，按冰壶距离对方营垒圆心的远近计分，积分多的队为胜队。每局双方掷出16枚冰壶后计算得分。

当一名队员推掷出冰壶而用力不够时，通常有两名队友进行扫刷，以使冰面更光滑，从而使冰壶滑行得更接近目标。轮空队员担任队长和战术制定者，良好的战术与推掷冰壶的技巧同样重要，是获胜的关键。因此有人将冰壶称为"冰上国际象棋"。掷冰壶的目的在于让冰壶停在预先确定的位置，或将对方冰壶击出。

冰壶曾6次被列为冬奥会的表演项目，在1998年的冬奥会上被列为正式比赛项目。

有人说，冰壶是一项全能运动，需要体操运动员的平衡、芭蕾演员的优美、赛跑选手的力量、国际象棋大师在30秒内确定战术的技巧。

93. 关于冰壶赛，短文中没有提到下面哪一项？

A 得分规则　　**B** 场地情况　　**C** 历史沿革　　**D** 比赛方式

94. 冰壶比赛的规则是哪个俱乐部制定的？

A 美国冰壶俱乐部　　**B** 瑞典冰壶俱乐部
C 苏格兰冰壶俱乐部　　**D** 加拿大冰壶俱乐部

95. 现在冰壶专项比赛的名称是什么？

A 冬季奥运会　　**B** 世界冰壶赛
C 银扫帚冰壶赛　　**D** 威士忌冰壶赛

96. 冰壶比赛为什么被称为"冰上国际象棋"？

A 两种比赛的场地很像　　**B** 两种比赛的规则相同
C 都要求队员相互配合　　**D** 都需要确定战术和技巧

97–100.

我这个人没有别的嗜好，就是爱喝点儿酒。下酒菜也极简单，一小碟花生仁儿。花生仁儿总是在小区附近那个夫妻小店买来，店主人是个30岁出头的年轻人。

我之所以乐意买他的花生仁儿，不光是图近，还因为这小伙子为人和气，嘴特甜。他渐渐地摸准了我的规律，每当我买了酒来到他的小店儿时，他总是把花生仁儿称出来包好，笑嘻嘻地递给我。昨天，我又在小伙子店里买了一斤花生仁儿。我给了他一张十块钱的钞票，他找我一沓票子，出于对他的信任，我看也没看，顺手就装进兜里。

到家里，爱人说要给我洗衣服，这才把兜里的钱掏出来。数了数，觉得奇怪，一斤花生仁六块钱，我给小伙子十块钱，应该找我四块钱，怎么现在是十四块钱？一定是小伙子把我给他的十元钞票和他找我的四块钱放在一起给我了，于是我抓起钱就往外走。

我找到小伙子，告诉他多找了我十块钱，并把钱递给他。这时，小伙子竟激动得说不出话来。

第二天一早，我刚到小区门口，小伙子迎了上来。"大爷，"小伙子满脸通红，"从您头一次买我的花生仁儿起，我一次都没给够分量。每次都少给您一点儿，总是事先给您包好。过去我没觉得有什么不对。可是昨天我多找了您钱，您立马给我送回来。这件事让我越琢磨越觉得对不起您。我想来想去，决定向您认个错，同时按五斤花生仁儿赔偿您的损失。"说着，小伙子从口袋里掏出几张钞票递给我。

"这不行！"我忙用手挡住他说，"过去的事就算了。往后我还买你的花生仁儿。这钱，我不能要。"

"这钱本来就是您的，您无论如何也得收下，要不，我良心上过不去。往后您要是信得过我，您就……"说着，他硬是把钞票塞进我的口袋里，掉头就走，一溜烟似地跑进了他的小店。

97. "我"为什么乐意买小伙子的花生仁儿？

A 他很会说话　　**B** 他为人老实

C 他的花生仁很香　　**D** 他的花生仁便宜

98. "我"还给小伙子钱时，小伙子为什么激动得说不出话来？

A 心里紧张　　**B** 觉得惭愧

C 可以减少损失　　**D** 心中有些不明白

99. 以前小伙子卖给我花生仁儿时，经常：

A 动手动脚　　**B** 以次充好　　**C** 缺斤少两　　**D** 以诚相待

100. 最后小伙子是怎样跑回小店的？

A 快速地　　**B** 高兴地　　**C** 害怕地　　**D** 不好意思地

阅读专项训练（九）参考答案

第一部分

51. D	52. D	53. C	54. B	55. D
56. D	57. C	58. B	59. B	60. D

第二部分

61. A	62. C	63. B	64. B	65. B
66. A	67. C	68. C	69. A	70. A

第三部分

71. B	72. E	73. D	74. A	75. C
76. B	77. D	78. A	79. E	80. C

第四部分

81. A	82. A	83. C	84. A	85. B
86. D	87. B	88. B	89. D	90. D
91. C	92. B	93. A	94. C	95. B
96. D	97. A	98. B	99. C	100. A

阅读专项训练（九）答案详解

第一部分

51. D 项中两个分句的主语不同：一个是“我们系的同学”，一个是“别的系的同学”，这时应将“不但”置于前一分句主语的前头，以表示主语的递进。

52. D 项中的“同意她交往我”应改成“同意她跟我交往”。

53. C 项中“……缺乏足够的心理准备”的主语没有说清楚，应该补上。可以说成“热点问题常因迅速出现而使人们缺乏足够的心理准备……”。

54. B 项中的“开始……任务”不搭配，可以改成“开始……工作”。

55. D 项的句子在于强调条件的重要性，在说话人看来，因为学习艰苦复杂，所以非得“目标明确，方法得当……”才有希望成功。因而，改成“只有……才……”更为符合原意。

56. D 项中的“越来越……”表示在发展过程中程度逐渐加深，不能与“非常”连用。根据本句的意思可以说成“……大家非常活跃”。

57. C 项中动词“履行”没有宾语，需补上“手续”一词。

58. B 项中的“还”应改成“再”，因为“再”多用于将要重复或继续的动作，如“再唱一个”（表示重复）、“再坐一会儿”（表示继续）。

59. B 项中关联词语搭配错了。根据本句的意思，应该用表示递进关系的“不仅……而且……”。

60. D 项中的动词“决心”不能用副词“非常”来修饰，应删去“非常”。

第二部分

61. 首先来看第一个空的备选词的含义和用法：“印象”是名词，指客观事物在人的头脑里留下的迹象，如：“他们的精彩表演给全场观众留下了深刻的印象。”“结论”是名词，指对人或事物所下的最后的论断，如：“他们两人用不同的方法进行研究，得出了完全一致的结论。”“评审”是动词，是“评判、审核”的意思，如：“专家们评审了近十年来出版的各种对外汉语教材。”“看法”是名词，指对客观事物所持的见解，如：“大家对你们的看法很支持。”通过以上分析，第一个空填入“印象”和“看法”都是可以的，排除了 B、C 两项。再看第二个空，A 项中的名词“影响”指对人或事物所起的作用，如：“她受了父母的影响，从小就爱音乐。”D 项中的动词“感染”，是通过语言或行为引起别人相同的思想感情，能用作宾语，如：“我是受这种情绪的感染才跟着喊起来的。”从这两个词的用法可知，第二个空只能填入“影响”，又排除了 D 项。所以 A 项是正确答案。

62. 从第一个空来看，应该填入一个表示假设的让步关系的连词，C 项中的“即使”是唯一符合题意的。所以 C 项是正确答案。

63. 第一个空的前面明文指出午餐有牛奶是日本政府的规定。既然是政府的规定，就必须明确，有可操作性，有强制性，不能模棱两可。鉴于此，只能填入“必须”一词。所以 B 项是正确答案。

64. 从第一个空来看，可填入“珍贵”或“宝贵”，因为对人来说，生命是最宝贵的或者说是最珍贵的，排除了 C、D 两项；再看第二个空，只能选择“独一无二”，又排除了 A 项。所以 B 项是正确答案。

65. 从第一个空来看，可填入“本来”和“尽管”，因为它们都跟“是为了讲卫生、减少疾病传播”搭配，排除了 A、C 两项。再看第二个空，只能选“然而”来表示转折；“反而”表示出现与预料或常情相反的结果，常跟上一小句的“不仅不（不仅没）……”搭配，而题干中没有这层意思。又排除了 D 项。所以 B 项是正确答案。

66. 根据词义，第一个空的四个备选词中，“应聘”是最佳选择，因为“应聘”是“接受聘请”的意思，如：“玖玲应聘担任了我们学校的英文教师。”而“招聘”、“邀请”和“申请”都不符合本句话的意思。所以 A 项是正确答案。

67. 第一个空要求填入一个“对语文考试因时间太短而表示不满”的动词，在四个备选词中，B 项中的“批评”或 C 项中的“抱怨”都还可以，而“意见”和“建议”不符合要求，排除了 A、D 两项。再看第二个空，这里要求填入一个与“造成这一问题”相搭配的名词，只有“原因”符合，又排除了 B 项。所以 C 项是正确答案。

68. 先来看第一个空的四个备选词的含义和语法功能：“千方百计”形容想尽或用尽种种方法，通常在句中做状语，如：“我们一定会千方百计地安排好老人的生活。”“力所能及”指在力量限度以内能够做到的，通常在句中做定语或谓语，如：“他的病很快就好了，已经能做一些力所能及的事了。”又如：“只要我力所能及，一定会帮你的。”“无微不至”形容待人非常细心周到，通常在句中做定语、状语、谓语等，如：“病人得到护士无微不至的照顾。”又如：“爱玲无微不至地照顾着多病的丈夫。”“无可奈何”指没有办法或没有办法可想，通常在句中做定语、状语、谓语等，如：“这是无可奈何的事，我们已经尽了最大的努力了。”又如：“大家都无可奈何地你望望我，我看看你，谁都不想说话。”通过分析，可知 B 项中的“力所能及”和 C 项中的“无微不至”都能够填入，而“千方百计”和“无可奈何”应被排除掉。再看第二个空，“向来”和“一直”都能填入。最后看第三个空，C 项中的“一切”符合句意，而“整体”应被排除。所以 C 项是正确答案。

69. 从第一个空来看，要求填入一个“生理现象”的定语。在医学上讲可以分为“正常”或“非正常”两种，而备选词中只有“正常”，所以这里只能选“正常”。所以 A 项是正确答案。

70. 从第一个空来看，要求填入一个词能把前后两个形容词连接起来，这两个词在语义上互相补充。这种功能只有“而”具备。所以 A 项是正确答案。

新汉语水平考试

HSK（六级）

阅读专项训练

（十）

阅 读

第一部分

第51–60题：请选出有语病的一项。

51. **A** 邹老师虽然每天工作很忙，但还是抓紧和大家一起学习。

    B 每当这儿的牡丹开放，总是招来无数的蝴蝶、蜜蜂，更显出春天的媚人风光。

    C 如果有一天我能够对我们的公共利益有所贡献，我会认为自己是最幸福的人。

    D 那些初学滑冰的朋友，不但滑不起来，而且东倒西歪，就像刚学走路的小孩子。

52. **A** 百十人的集体中，出现点儿矛盾是难免的，只要能正确解决就可以了。

    B 文章论述了农业的重要性并展示了农村大有可为，使回乡青年受到很大的教育。

    C 一到天色快暗下来的时候，成群的蚊子就奏起它们的交响乐，肆无忌惮地往人身上叮。

    D 赵州桥具有很高的科学、历史、艺术价值，它充分显示了我国古代劳动人民的智慧。

53. **A** 他写文章是十分认真的，文章写出来后，总是要一遍一遍地修改。

    B 她想起了她的丈夫，话又停了，手指颤抖着，可以看出她的心情非常激动。

    C 他到达北京后，心情一直平静不下来，一连几个夜晚都兴奋得睡不着觉。

    D 我们刚来到西双版纳，黑墨似的乌云和倾盆大雨顿时从半空中倾泻下来。

54. **A** 在工厂最后一天的劳动是同学们最紧张、最愉快、最有意义的一天。

    B 她的身材苗条，美术家看中她的线条美，也就是曲线美，常请她做模特儿。

    C 天气变化异常复杂，看云识天气当然有一定的局限，因此还得借助仪器测量。

    D 虽然他这些话是用平静而随便的口气说出来的，但我却深深地被他那种无畏而自信的气概感动了。

55. **A** 莎士比亚不愧是世界文豪，他的戏剧传遍全世界，几百年来一直在舞台上演出。

    B 这篇文章讲的故事虽然很简单，但仔细品味一下，你会觉得它说出了一个很深刻的道理。

    C 在武松看来，景阳冈上的老虎，刺激它也是那样，不刺激它也是那样，总之是要吃人的。

    D 在孩子们看来，老虎给人的印象比豺狼完全不一样，老虎多半是好的，而豺狼总是穷凶极恶的形象。

56. **A** 一篇好的文学作品，能使人了解古今中外各个时代、各个社会的生活场景。

B 别看她是成人了，可说起话来，做起事来，还是那么没深没浅、没轻没重的，像个孩子。

C 对这件事情，有的人赞成，有的人反对，有的人表示怀疑。总之，人们的看法很不一致。

D 由于高山缺氧，体力又消耗过大，有的人支持不住，走得非常吃力，不得不中途返回营地。

57. **A** 大家都在认真听课，我却迟到了，只得硬着头皮走进教室。

B 在这种万分激动的情况下，你纵有千言万语，一时也不知从何说起。

C 别看他是个农民，文化水平也不高，但他很有修养，什么事情都处理得很妥当，很受人们的尊敬。

D 自从丈夫打拼成亿万富翁后，陈梅梅的日子越来越惬意了，不是和朋友喝茶聊天，还是去美容院做美容。

58. **A** 上海说去过也去过，不过那次只住了一个晚上，没留下什么印象。

B 这种工作工资很高，就是太累了，你的身体如果吃得消，就去吧！

C 全校没有一个人不认为玖玲同学能考上重点大学，不是她一贯努力学习的结果。

D 衡量一个公司是否伟大，最关键的一条就是看它是否具有很强的社会责任感，是不是处处以人为本。

59. **A** 一路行来，有雨趣而无淋漓之苦，自然也就感到格外意兴盎然。

B 人家的孩子经常看到爸爸的笑容，而我经常看到的却是爸爸的背影。

C 广东人以前卫、时尚和精明闻名，尤其是在现代生活中，更是在时装、发型和打扮上引领全国。

D 我们一方面认真钻研课本，独立完成作业，另一方面老师利用课余时间对我们加强辅导，因此，我们的学习成绩有了较大的提高。

60. **A** 我见奶奶病成那个样子，心中一酸，泪水像断了线的白珠子，扑簌簌滚落下来。

B 姑娘长得十分秀气，衣服穿得相当素净，言谈举止都给人一种庄重文雅的感觉。

C 除了上大课之外，分小班上习题课是一个很好的形式，能够针对性地解决学生普遍存在的问题。

D 看了金字塔，人们不禁产生了这样的疑问：远在上古年代，这样庞大的建筑物究竟是怎么建成的？

第二部分

第 61–70 题：选词填空。

61. 在中国古代，______所有的读书人都要读《论语》，不读《论语》又怎么能称为是一个读书人呢？______今天很多人并没有完整地读过《论语》，但它______是由自然人过渡到文化人的必读书目之一。

A 几乎　尽管　仍然　　**B** 简直　即使　依旧
C 千万　虽然　自然　　**D** 始终　固然　照样

62. 父母都希望自己的孩子聪明，能赢在起跑线上，都想尽一切______开发孩子的智力。然而，有的家长______误认为艺术特长培训、外语熏陶______早期智力开发。

A 计划　但　而是　　**B** 办法　却　就是
C 门路　而　还是　　**D** 答案　不　便是

63. 旅游是“眼球经济”，是一项特别需要开展宣传促销的______。通过有效的宣传促销______来招揽游客，已成为各国开拓旅游市场的惯例，也是旅游经济规律的客观要求。旅游宣传促销的______在于推陈出新、先人一步。

A 业务　目的　重要　　**B** 产品　手法　首要
C 产业　手段　关键　　**D** 商品　办法　主题

64. 婚姻大事，更______细水长流一些，______是要在一起生活一辈子的，单凭______的感觉就去结婚，______有几分冒险意味。

A 可以　依然　及早　很　　**B** 应该　毕竟　一时　颇
C 能够　终究　一旦　太　　**D** 愿意　到底　幸好　真

65. ______老年人来说，______希望尤为重要。有了希望，生活______有了目标和动力，生活会过得更充实、更快乐、更幸福，人就更______健康长寿。

A 拿　兴趣　正　越发　　**B** 在　发展　刚　坚信
C 从　产生　才　轻易　　**D** 对　充满　就　容易

66. 光盘可以容纳的信息量非常______,文字、声音、图像都可以录入光盘,这是光盘教学软件的______。一个教学软件如果能在这些方面互相配合,做到图文并茂、______,便容易______学生的学习兴趣。

A 高　优势　眉飞色舞　发生　　B 好　方便　通俗易懂　生长
C 大　特点　生动活泼　激发　　D 快　功能　奇文共赏　激励

67. 峨眉山不仅在自然资源与人文资源上的禀赋令人惊叹,人性化的基础配套服务设施更是常带给游客满意加惊喜。有些游客没有想到的需求,峨眉山都替他们想好了。______一个安全、便捷、舒适的环境,让你______地饱览峨眉秀色、体味嘉州风情,不说这里好真的______很难。

A 提供　无忧无虑　也　　B 供应　兴致勃勃　就
C 体现　兴高采烈　再　　D 营造　一路平安　太

68. 工作忙任务重,加班、开夜车是每个上班族几乎都______过的,往往转天眼睛就会又红又肿,这时眼部的抵抗力就会______下降,容易______眼部疾病的发生,因此适当给眼睛补充营养是非常______的。

A 亲身　清楚　制造　很正确　　B 经历　明显　导致　有必要
C 经验　显然　形成　太及时　　D 接受　自然　创造　不能忘

69. 微笑不费分文,却能够给见到微笑的人留下美好的______;微笑是各国人民都能够______和欢迎的世界语言,是通往全世界的护照;微笑______友善,象征着诚意;微笑能使人产生好感,给企业带来______。

A 印象　理解　意味着　财富　　B 记忆　读懂　意识到　生机
C 回忆　明白　特别是　利润　　D 想象　熟悉　尤其是　生产

70. 由于游泳运动员______在温度较低的水中训练和比赛,为了______体温的过度降低,必须______一定量的体脂水平,______,膳食中须保证______的脂肪摄入。

A 往往　禁止　爱护　可是　一定　　B 通常　防止　维持　因此　适当
C 时常　停止　达到　虽然　必要　　D 始终　杜绝　提高　倘若　正确

第三部分

第 71-80 题：选句填空。

71-75.

齐国的邹忌，相貌十分英俊。一天早晨，他穿戴整齐，一边照镜子，一边问他的妻子："我和城北的徐公相比，(71)___________？"他的妻子回答："您漂亮，徐公哪能比得上您！"徐公是齐国有名的美男子，邹忌不相信自己比他还漂亮，又问小老婆："你看我和徐公两个人，谁美？"小老婆说："当然是您了！(72)___________，何必问呢？"

第二天有个邻居来做客，邹忌又问他："依你看，徐公和我谁好看一些？"邻居说："(73)___________，就是整个天下也找不出第二个像您这么英俊的男子啊！"

又过了一天，徐公来到了邹忌家。邹忌仔细地打量着徐公，越看越觉得比不上他，悄悄地照照镜子，(74)___________。

这天晚上，邹忌躺在床上反复考虑着与徐公比美的事，(75)___________："我的妻子夸奖我，是因为偏爱我；小老婆赞美我，是因为害怕我；邻居称赞我，是因为想得到我的帮助啊！"

A 谁漂亮
B 这么明显
C 别说徐公
D 终于明白了一切
E 更觉得远远不及徐公

76–80.

永利和任萍都从外地来到大城市的一家公司打工。永利三年多以前开始追任萍，但任萍却想靠着自己的美貌找一个本地的有钱人。任萍把自己的意思告诉了永利，但永利还是穷追不舍。

有一天，(76)____________，目的就是让她看看他的存折。这些存折有一百多张，(77)____________，但加起来也有十几万，任萍对永利有这么多存款感到很吃惊，也对把钱存在一百多张存折上有些不理解。永利解释说这样存款比较安全。

这些存折让任萍觉得嫁给永利也是一件好事。(78)__________，任萍开始催促永利买房子，永利却说等两人领了结婚证后再买。领结婚证的第二天，永利出差。就在这一天，任萍得知父亲得了重病，(79)____________。她只好拿了永利 30 张存折去取钱。

但让任萍想不到的是，存折全部是挂失过的。她突然明白过来，永利拿着一千元钱到处存，然后挂失，用身份证将钱取出，再存入一家，如此反复，(80)__________。

A 要花很多钱
B 二人同居后
C 他才有了那么多存折
D 虽然每张都只有一千元
E 永利拉任萍来他租的小屋

第四部分

第 81–100 题：请选出正确答案。

81–84.

我的结婚喜宴在一家酒店举行。开席之前，我和新娘站在酒店门口迎候来喝喜酒的亲朋好友。短短时间里，我们几乎把一生要听的“早生贵子”之类的祝词全听完了。那种甜蜜和幸福感，让我俩陶醉不已。

酒店很大，来喝我们喜酒的人只占其中的一部分，多数人是到酒店用餐的。来酒店用餐的食客，大都面无表情地从我们身边走过。这本是再正常不过的事了，但偏偏有位老先生，在经过我们这对披红挂绿的新人之时，笑着对我们说：“我也祝福你们幸福美满！”看惯冷脸陌生人从身边来来去去的我，对这位老先生的祝福，感到有点儿措手不及。还是妻反应快，赶紧回答：“谢谢您！谢谢！”

我抓起一把糖送过去，老先生接了：“接了你的喜糖，今天我就会走好运啊！”

婚后，我和妻子总会在休息时把结婚录像拿出来放一放，每当看到那位陌生老人用微笑送出陌生祝福的时候，我的心底就会涌起一股暖意，很长时间都不会消退。陌生老人的祝福是如此长久地、如此有力地打动着我们的心。

收到了陌生老人的祝福之后，我像是受到感染似的，也向他人送去我的陌生祝福。去酒店喝酒，我也会对正在迎候亲友的新人说：“祝福你们幸福美满！”在路上，我会对遇到困难的行人说：“我能帮你什么吗？”尽管我会看到人家惊疑的目光，但最终我还是能看到陌生的微笑。也许，我在送出一个陌生的祝福之后，正像送给我陌生祝福的那位老人所说的那样，“我今天就会走好运”呢！

81. “我”当时对那位陌生老先生的祝福感到：

A 亲切　　**B** 惊喜　　**C** 别扭　　**D** 啰唆

82. “我”从那位老先生的祝福中学到了什么？

A 经常去参加婚宴　　**B** 经营好自己的家庭
C 经常送出陌生的祝福　　**D** 跟妻子一起看结婚录像

83. 下面哪项符合本文的意思？

A 祝词都是亲朋好友送的　　**B** 喜糖是为陌生人准备的
C 老先生的祝福让“我”难忘　　**D** 结婚喜宴是在傍晚举行的

84. 下面哪项最适合做本文题目？

A 陌生的祝福　　**B** 祝你走好运
C 我的结婚喜宴　　**D** 我的二人世界

85–88.

蚊子中咬人的是雌性的，它咬人主要是需要用人的血来繁殖下一代。有的只是在白天咬人，有的是在黄昏或夜里咬人。蚊子的外形看上去不像飞机，但飞行时却相当灵活，能在空中盘旋，有时还会突然加快速度冲向空中，又悠然自得地降下来，甚至还能倒退着飞行。由于蚊子具有这些技能，所以当你用手拍打它时，它能飞快地跑掉。

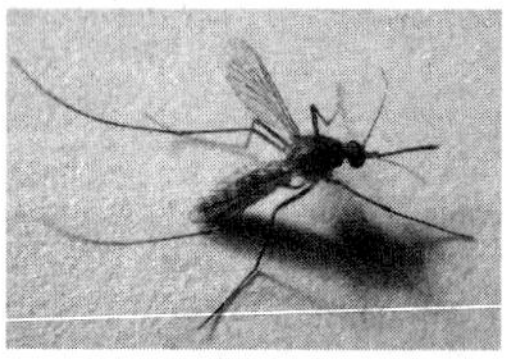

在夜里，咬人的蚊子是什么也看不到的，它能找到你，必须借助它的触须和三对脚上的传感器。你睡着时，不断地呼出二氧化碳，蚊子就慢慢地沿着这气味找来。它一面在你头上嗡嗡地飞，一面使用它的近距离传感器测定你汗水的湿度、温度以及含哪些成分，以便决定你是否是一个合适的攻击对象。

蚊子的嘴突出地长在双眼底下，是由六根尖利的螯针组成的。这些针比头发丝还细。其中两根是食道管和唾液管，两根是刺血针，还有两根锯齿刀。六根管子外面有包皮，起着保护作用。嘴的外壳似一只夹子，把六根针夹在一起。

借助于这些武器，蚊子就开始行动了。首先，蚊子把六根针一齐插进你的皮肤，进入你那密密的毛细血管网，如果它能成功地刺入这些比头发还细的血管中的一根，那就可以饱餐一顿了。吸血前，它把唾液滴进你的毛细血管里与你的血混合，以防血在它的食道里凝结造成堵塞。在这鲜血抗凝剂的帮助下，用不到一分钟，雌蚊就吸足了血，然后它便嗡嗡地飞走了。

雌蚊带着你的血从空中降下来，可能停在外面的墙上，或者停在一片树叶上。在随后的几天中，它静静地待在那儿，利用吸到的血，产下成百上千个卵来。

85. 当你用手拍打蚊子时，它为什么能飞快地跑掉？

A 它的视觉很好　　**B** 它的触须能感到

C 它的传感器很发达　　**D** 它的飞行技能高超

86. 下面哪种说法是正确的？

A 蚊子在吸血后吐出唾液　　**B** 蚊子会把卵产在人体中

C 蚊子会隔几天吸一次血　　**D** 所有蚊子都会进攻人类

87. 蚊子为什么能又快速又顺利地吸足人血？

A 有鲜血抗凝剂的帮助　　**B** 吸血时，人往往睡着

C 蚊子需要的血量极少　　**D** 吸血前会射出麻醉剂

88. 本文所谈的主要内容是什么？

A 蚊子的生活习性　　**B** 蚊子的身体构造

C 蚊子的繁衍过程　　**D** 蚊子怎样吸人的血

89–92.

到绍兴，不能不去咸亨酒店，进了咸亨酒店就一定要喝绍兴老酒。

没想到在参观鲁迅故居时，竟然在这栋古色古香的老宅院中见到了真正的花雕。这里正在举办一个绍兴风俗展览，而这展览的主要内容就是介绍“花雕”的历史。木结构的老屋中，一字排开陈列着许多雕刻着各种图案和花纹的大坛子，最大的有一人多高，最小的也比暖水瓶大。绍兴的朋友告诉我们，这便是人们常说的花雕，是绍兴人用来装老酒的。按绍兴古老的风俗，当女儿出生时，父母就要酿造若干坛酒，并在酒坛上雕刻出嫦娥奔月等美丽的图案，用来预示吉祥。然后将酒埋入地窖，一直等到女儿出嫁时，才可将酒取出放在花轿后面，抬往婆家。但此酒只用来款待男客，所以叫女儿红；因这酒是盛在那雕着花纹的坛子里的，所以又叫花雕。至于男孩儿出生时所酿造埋藏的酒，则称为状元红，顾名思义，含有望子成龙的意思。

从鲁迅故居出来，正值中午时分，绍兴的朋友执意邀请我们品尝花雕的美味，并且一定要到著名的咸亨酒店去喝。

绍兴的朋友告诉我们，这咸亨酒店的黄酒是他们独家特别酿造的，与街上卖的不同。虽然早已改成瓶装了，但味道绝对正宗。说着就让服务员一下子拿来好几瓶，并且要用大玻璃杯来喝。开始我还心怀疑虑，一边谦让着，一边端起杯，先轻轻地抿一小口，啊，只觉得一股清香顿时沁人心脾，微微甜意，爽口爽心，一点儿也不辣，甚至有点儿像某种好喝的饮料。于是放下心来，开始来者不拒地与朋友频频举杯。这一下儿可坏了，没想到绍兴人喝老酒简直像喝水，见我们如此爽快，竟整瓶整瓶地喝起来。渐渐地，我感到头开始昏了，才知上了当。虽然喝着微甜不辣，但这老酒却是有后劲的。虽然心里想着不能再喝了，却挡不住对方热情的劝诱，又喝了半杯。再看与我一起来的两个同事，也都被灌了个脸红脖子粗。就在“黄酒多喝点儿没事”的劝说下，到最后我们全都找不着北了……

第二天，当我们乘上告别绍兴的汽车时，嘴里仿佛还存留着“花雕”的余香呢！

89. 按老风俗，花雕酒是招待什么人的？
A 亲家人　**B** 主婚人　**C** 证婚人　**D** 男客人

90. 关于女儿红，下面哪种说法正确？
A 酒坛上有图像的酒　**B** 咸亨酒店专卖的酒
C 婆婆家招待客人的酒　**D** 女儿出生时埋在地窖的酒

91. 第四段最后一句中的“找不着北”在这里是什么意思？
A 打车回家吧　**B** 忘记付款了
C 醉酒后糊涂了　**D** 还想再喝几杯

92. “我们”是怀着怎样的心情离开绍兴的？
A 已经满足　**B** 十分崇敬　**C** 有些激动　**D** 非常留恋

93–96.

他是那种龙套演员，默默无闻，招之即来，挥之即去，微薄的收入仅能糊口。他的名字从来不被人记起，可他热爱演艺事业，也不奢望什么，只是兢兢业业地演好每一个角色，包括“死尸”。

上世纪 90 年代初，周星驰已经大红大紫，电影《唐伯虎点秋香》在香港开机。那天在片场，刀光剑影中，从空中飞来一具“死尸”，重重地砸在地上。那具“死尸”就是他扮演的。这时，周星驰忽然童心大发，恶作剧起来，朝“死尸”踢了一脚。见没反应，周星驰又踩了他一脚，还没动静。于是，周星驰又拿起手中的霸王枪对准他的大腿戳了两枪，他依然纹丝不动。不好，可能演员发生意外了！周星驰吓得不轻，赶紧叫大家停下，然后亲手把他扶起来。

这时他才睁开眼睛，原来是虚惊一场。周星驰面有愠色，质问他：“你刚才为何一声不吭？把我吓了一跳。”气氛骤然紧张起来，有好心人立刻上来提醒他：“快认个错吧，不然你的饭碗就砸了。”他解释道：“我演的是死尸，只要导演没喊停，就不能动啊。”周星驰愣住了，半晌才开口：“你叫什么名字？以后就跟着我开工吧。”“田启文。”他高声回答。后来，这一幕被周星驰搬进了电影《喜剧之王》中。

一个跑龙套的能把“死尸”演得如此真实，还有什么角色演不好？田启文的敬业精神感动了周星驰。此后，在周星驰的每一部影片中都能看到他的出色表演。田启文在香港演艺界有了名，不仅如此，他还成了周星驰最得力的助手——经纪人。

既然出身无法决定，何不把握未来？或许我们暂时人微言轻，与其怨天尤人，不如全力以赴，专心致志干好一件事。有没有台词无所谓，看不到表情也没关系，重要的是自己曾经努力过，再无遗憾。

93. 龙套演员一般在剧中演什么角色？

A 皇帝　　**B** 替身　　**C** 死尸　　**D** 小角色

94. 周星驰为什么向这具“死尸”又是踢，又是踩，又是戳？

A 在演戏　　**B** 开玩笑　　**C** 搞武打　　**D** 考演员

95. 田启文睁开眼后，周星驰有何表现？

A 很高兴　　**B** 很生气　　**C** 很满意　　**D** 很温柔

96. 周星驰觉得田启文有什么可贵之处？

A 是非分明　　**B** 演技超群　　**C** 兢兢业业　　**D** 武功深厚

97–100.

多数人都会习惯性地认为“柔软”就能“舒适”，所以年轻人为了让老人睡得更好，就会买来厚而软的床垫，觉得这样又舒适又保暖。但骨科专家却提醒大家，老年人睡觉，床垫还是硬点儿好。

进入老年，人的腰椎功能常会退化，出现腰肌劳损、腰间盘突出、腰腿疼等病症。老人经过一天的坐、立之后，如果在夜间睡觉时仍然不能让腰部得到休息，则腰部病情会更加严重。

如何能让腰部得到有效休息呢？专家说，那就是要睡有一定硬度的床。

当患上腰部疾病时，通过卧床休息，尤其是卧硬床休息，可消除负重和体重对椎间盘的压力，有利于症状的缓解。

对于腰椎间盘老化的患者来说，睡硬床更有意义。80%的患者经非手术治疗能明显缓解症状。如果睡在过于柔软的床上，人体体重的压迫会使床形成中间低、周围高的情况，进而影响腰椎正常的生理屈度，造成腰部肌肉、韧带的收缩、紧张及痉挛，加重症状。

此外，除了保护腰部，睡硬床对于患有心脏病的老人来说也很重要。一般来说，心脏病猝死的抢救主要在现场，如果能及时抢救常可转危为安，而心脏按压的抢救手法必须在硬板上进行，所以心脏病病人最好睡硬板床。

当然，睡硬床并不是说一定要睡硬木板床，有些老人由于骨质疏松导致脊柱变形，这种情况就不能睡硬床了。

专家建议，适合老年人的床应该是使人体在仰卧时保持腰椎正常的生理前凸，侧卧时保持腰椎不侧弯，所以只要是具备一定硬度的床垫就可以了。

97. 按照本文观点，老年人应该睡什么样的床？

A 又厚又软的　　**B** 越软越好的

C 越硬越好的　　**D** 有一定硬度的

98. 患有心脏病的人为什么最好睡硬床？

A 可以自己进行按压　　**B** 可以防止心脏病突发

C 发病时能得到及时抢救　　**D** 可以消除腰椎间盘的压力

99. 关于睡过于柔软的床，下面说法正确的是：

A 可以缓解腰肌劳损　　**B** 可以使腰部疼痛减轻

C 能使腰部得到正常休息　　**D** 会影响腰椎的生理弯曲度

100. 专家认为，什么人不适宜睡硬床？

A 患腰部疾病的人　　**B** 患有心脏病的人

C 腰椎间盘老化的人　　**D** 骨质疏松、脊椎变形的人

阅读专项训练（十）参考答案

第一部分

51. A	52. B	53. D	54. A	55. D
56. A	57. D	58. C	59. D	60. C

第二部分

61. A	62. B	63. C	64. B	65. D
66. C	67. A	68. B	69. A	70. B

第三部分

71. A	72. B	73. C	74. E	75. D
76. E	77. D	78. B	79. A	80. C

第四部分

81. B	82. C	83. C	84. A	85. D
86. C	87. A	88. D	89. D	90. D
91. C	92. D	93. D	94. B	95. B
96. C	97. D	98. C	99. D	100. D

阅读专项训练（十）答案详解

第一部分

51. A 项中的“抓紧”与“和大家一起学习”是连动短语，这里的“抓紧”缺少宾语，应加上“时间”一词才完整。

52. B 项中的主谓短语“农村大有可为”不能做动词“展示”的宾语，应改成名词性的偏正短语“农村大有可为的广阔天地”。主谓短语有的可以做宾语，但有一定的条件，即动词多半是表示心理活动的（如“知道”、“相信”、“认为”）或表示感受现象的（如“看到”、“听见”），如：“我听见鸟叫”，“我相信咱们一定能成功”。

53. D 项中的“大雨”能“倾泻下来”，而“乌云”却不能。应该分开说，改为：“黑墨似的乌云布满天空，倾盆大雨顿时倾泻下来。”

54. A 项中的主语是“劳动”，宾语是“一天”，不能搭配。应把主语“最后一天的劳动”改成“劳动的最后一天”。

55. D 项是比较句，应该用“……跟……完全不一样”。

56. “一篇”再伟大的文学作品也不可能写到“古今中外各个时代、各个社会”，应把 A 项中的“一篇”改为“广泛阅读”，或把“古今中外各个时代、各个社会”改成“一定时代、一定社会”。

57. D 项中的关联词语搭配错了。根据句意，应该用表示选择关系的关联词语“不是……就是……”。

58. C 项的原意是“全校的人都认为玖玲同学能考上重点大学，是她一贯努力学习的结果”，但由于用了三次否定词，意思恰恰相反了。应该把后一小句中的“不”字改成“这”字。

59. D 项使用了“一方面……另一方面……（一面……一面……）”这组关联词语来连接分句。这时应该注意：如果表示一个事情的两个方面，或同一主语同时进行的两个动作，它们得放在主语的后面；如果表示两个互相关联的事物或动作，主语不同，它们得放在主语的前面。这里前两个分句讲的是“我们的学习成绩有了较大的提高”的原因，而这两个原因一个是“我们”自己的努力，一个是“老师”的辅导，主语不同。所以“我们一方面……”应改为“一方面我们……”。

60. C 项中的“针对性”是名词，不能做状语。应该在它的前面加上“有”，使它变成语法功能相当于形容词的短语，这样就可以做状语来修饰动词“解决”了。

第二部分

61. 从第一个空来看，填入“几乎”或“简直”都可以，而“千万”和“始终”不能跟“所有读书人”搭配，排除了 C、D 两项。再看第二个空，应该选“尽管”，因为它能跟后面的“但”搭配，表示转折关系；而 B 项中的“即使”不能跟后面的“但”搭配，它应该跟“也”搭配。所以 A 项是正确答案。
62. 从第一个空来看，可以填入“办法”或“门路”，而“计划”和“答案”不能跟“想尽一切”来搭配，排除了 A、D 两项。再看第二个空，应该选“却”，因为它在“然而，有的家长……”中能搭配在主语“家长”的后面，而 C 项中的“而”不可以，应该排除。所以 B 项是正确答案。
63. 先来看第一个空的四个备选词的含义：“业务” 指个人或机构所从事的专业工作；“产品”指生产或制造出来的物品；“产业”可以指构成国民经济的行业和部门；“商品”泛指市场上买卖的物品。能填入的只能是 C 项中的“产业”。所以 C 项是正确答案。
64. 从第一个空来看，填入“可以”或“应该”都说得过去，而 C 项中的“能够”和 D 项中的“愿意”不能搭配，应该排除；再看第二个空，B 项中的“毕竟”能填入，因为“毕竟”可以强调最终的结论，而“依然”表示跟原来一样，在本句中是不符合句意的，应该排除。所以 B 项是正确答案。
65. 从第一个空来看，可以填入“拿”、“从”或“对”，因为它们分别能搭配成固定格式：“拿……来说”、“从……来说”或“对……来说”。但其含义是不同的，“拿……来说”表示从某个方面提出话题或以某事物为例，如：“拿学习成绩来说，金明和在全院也是数一数二的。”“从……来说” 强调所依据的事理或说话的着眼点，如：“从入学考试的成绩来说， 李明美的汉语水平是不低的。”“对……来说”表示从某人、某事的角度来看，如：“对一个大学生来说，首要的任务是学习。”再看第二个空，这里只能填入 D 项中的“充满”，因为它能跟“希望”搭配，而 A 项中的“兴趣”和 C 项中的“产生”都不能跟“希望”搭配，应该排除。所以 D 项是正确答案。
66. 从第一个空来看，只能填入“大”，因为“信息量”在这里只能跟它搭配，说成“信息量非常大”。其他三个词都不能跟“信息量”搭配。所以 C 项是正确答案。
67. 从第一个空来看，可以填入“提供”或“营造”，因为它们都能跟后面的“环境”搭配，而 B 项中的“供应”和 C 项中的“体现”都不能搭配，应该排除；再看第二个空，可以填入“无忧无虑”和“一路平安”，因为它们在句中都合适；再看第三个空，只能填入“也”，而 D 项中的“太”不能跟“很难”搭配。所以 A 项是正确答案。

68. 先来看第一个空四个备选词的含义:作为形容词的“亲身”是亲自的意思,经常搭配成“亲身体验”、“亲身经历”等;作为动词的“经历”是亲眼见过、亲身做过或遭受过的意思,经常搭配成“经历过考验”、“经历过变革”等;作为名词的“经验”是指在实践中获得的知识或技能,经常搭配成“教学经验”、“总结经验”等;作为动词的“接受”是对事物容纳而不拒绝的意思,经常搭配成“接受过礼物”、“接受过批评”等。由此看来,B 项中的“经历”和 D 项中的“接受”好像都可以填入,但“开夜车”不存在“接受”的问题,应该排除。所以 B 项是正确答案。

69. 从第一个空来看,可以填入“印象”、“记忆”或“回忆”,因为它们分别能搭配成“……留下美好的印象”、“……留下美好的记忆”、“……留下美好的回忆”。再看第二个空,“理解”、“读懂”和“明白”都可以填入。再看第三个空,只有“意味着”合适,而应排除 B 项中的“意识到”和 C 项中的“特别是”。所以 A 项是正确答案。

70. 先来看第一个空四个备选词的含义:作为副词的“往往”表示在某种情况、条件下,有规律地发生,如:“坚持每天都来上课的学生往往学得最好。”作为形容词的“通常”是平常的意思,它可以做定语,如:“我们通常都愿意到这个饭店吃,因为这里的饭菜又便宜又好吃。”作为副词的“时常”表示行为动作屡次发生,如“这家小饭店的饺子很有特色,时常供不应求。”作为副词的“始终”表示某种状态从头到尾一个样,没有变化,如:“这位售货员工作三十年了,对顾客始终那么热情。”由上可知“往往”、“通常”和“时常”都可以填入第一个空,而“始终”不符合句意,应该排除。再看第二个空,应该填入 B 项中的“防止”,而不是“禁止”或“停止”。所以 B 项是正确答案。

新汉语水平考试

HSK（六级）

阅读专项训练

（十一）

阅 读

第一部分

第 51–60 题：请选出有语病的一项。

51. A 他的口才的确是好，辩论起来能滔滔不绝地说上两个小时。
    B 他找到这么个好工作，却不好好干，真不知道他打的是什么算盘。
    C 辨别同义词和反义词，对于积累词语、提高表达能力是十分必要的。
    D 苹果富含维生素和微量元素，不仅能够提高免疫力，而且可以改善心血管。

52. A 他所讲的一切都很合理，也很适合逻辑，但却没表明自己的态度。
    B 充满着丰收欢乐的秋天，不是人生易老的象征，而是繁荣昌盛的标志。
    C 把一块小石子扔到河里，激起了小小的波浪，形成一圈圈波纹向四面散开去。
    D 朝霞在西，表明阴雨天气在向我们袭来；晚霞在东，表示最近几天里天气晴朗。

53. A 我国陕西榆林地区，雨量充沛，在明末清初的时候是个天然草原区。
    B 她非常崇拜自己的老师，因为她的老师是当前学术界最负盛名的学者。
    C 哈密瓜不像西瓜那样娇贵，它喜欢阳光、不怕干旱，瓜田里没需要什么复杂的管理技术。
    D 这种工作看起来很简单，没什么了不起的，但不具备相当的技术就硬是没办法对付它。

54. A 对外国文学来说，翻译的技巧是大有讲究的，其中也存在着直译和意译的问题。
    B 我是搞财务工作。我认为：一分钱虽少，意义却很大。不按规定办事，就是有私心。
    C 如果把古今中外优秀艺术家勤学苦练的故事搜集起来，那内容该是多么丰富啊！
    D 他的表达能力确实不差，他把这一段历史讲述得有声有色，使听众们个个都陶醉在他的讲述中。

55. A 困难没有什么了不起的，只有我们不怕，认真对待，就一定能克服。
    B 俗话说“三思而后行”，意思是在做一件重要的事情之前，应该认真思考。
    C 老张这个人心眼儿特别好，你有什么困难找他帮忙，只要能办到，他都会帮你。
    D 参加体育比赛，除了良好的身体素质以外，良好的心理素质也是赢得比赛的重要因素。

56. **A** 现在用人单位对学历的要求越来越高，为了以后好找工作，我准备考博士。

B 汽车在拐弯儿的时候要特别小心，应该放慢行驶速度，否则容易出交通事故。

C 王明最大的愿望是考上北京大学，经过三年的努力学习，他终于实现了这个愿望。

D 姐姐要结婚，她希望着我能回国参加她的婚礼，无奈我们马上要期末考试了，回不去。

57. **A** 这个商店的营业员服务态度真好，尽管什么顾客，他们总是耐心地接待。

B 他今天说这番话的含意，大家一听心里就都明白了，原来他是在表白自己。

C 他把任务交代完了，就用一种询问的目光注视着我，似乎在问："你明白了吗？"

D 你别看这姑娘性格泼辣，走路风风火火的，可做起工作来那种耐心却会使你感到惊奇。

58. **A** 她当着父亲的面说了一段评书，把老人惊喜异常，认为女儿是块说评书的材料。

B 亲自在土地上播种五谷的劳动者，把土地当做命根子，把它比做哺育自己的母亲。

C 看了金字塔，再环视一下周围的不毛之地，人们感到惊异，这在古代是怎么建造的呢？

D 外国经常举行博览会，也就是组织许多国家参加的一种大型产品展览会。有时一个国家的大型产品展览会也叫博览会。

59. **A** 孙晓绮是第一个被邀请到美国的"作家之家"进行跨文化交流的中国作家。

B 在中国的四大传统节日中，唯有中秋节是直接与天体变化规律息息相关的。

C 因为一直在上学，她到 30 岁才结婚了，一年后有了自己的孩子，然后放弃工作专门照顾孩子。

D 无论是从音乐还是从芭蕾舞上看，《天鹅湖》都可以称得上是古典芭蕾中最受观众欢迎的一部舞剧。

60. **A** 不论是听讲还是阅读，都要集中注意力，认真进行思考问题。

B 我们不能抱着老皇历不放，有些过去的经验未必全都适合当前的情况。

C 夏天的热和冬天的冷，人的身体对它们都有一个适应过程，因此要随时注意增减身上的衣服。

D 奶油是从牛奶中提炼出来的半固体物质，脂肪含量比黄油低，通常作为制作糕点和糖果的原料。

第二部分

第 61–70 题：选词填空。

61. 深海里______着种类繁多、数量庞大的生物群体。这些海洋生物体质健康，且寿命超长，鲨鱼的寿命可达 100 岁，海葵能活到 2100 岁。这种神奇的______，引起了科学家的科研______。

A 存放　问题　课题　　B 生存　现象　兴趣
C 生长　气象　研究　　D 游泳　情况　论文

62. 我社的辞书______其权威性和科学性著称，在读者当中______良好的声誉。这主要是因为我们拥有一流的编撰队伍和编辑队伍、严格的工作流程和辞书出版的______传统。

A 按　拥有　优秀　　B 据　生产　壮丽
C 靠　含有　美好　　D 以　享有　优良

63. ______到凌晨一点还不睡觉，人体新陈代谢所需的能量，完全就______身体分泌的各种激素供给。这时，内分泌代谢会产生很多毒素，______身体转向酸性。______，人每天应尽量在午夜前睡觉。

A 如果　由　使　因此　　B 要是　在　把　因而
C 虽然　凭　被　总之　　D 固然　自　叫　可见

64. 人的一生，醒着和睡着就像白天和黑夜一样______进行，______了生活的基本节律。这种周期性的节律______终止，生命也就______了。

A 交替　构成　一旦　结束　　B 交换　组成　如果　终止
C 轮换　构建　倘若　停止　　D 更换　构造　假如　完结

65. 有______老话说，有生就有死。死亡在人的个体发育中，是一件很______的事情。自古______，人们______生和死没有办法______，所以也有“生死莫测”这句古话。

A 篇　坦然　以来　至于　看到　　B 段　自然　以后　关于　迎接
C 句　自然　以来　对于　预测　　D 堆　突然　以前　关于　想象

66. 头发是我们人体的一部分，人是需要新陈代谢的，头发也是需要新陈代谢的。______一般来讲，每天掉 100 根______的头发是正常现象，不用过度担心。但如果掉得太多，______掉了之后没有再长出来小而碎的头发，说明头发______了问题。

A 所以　左右　而且　出　　B 因此　前后　但是　有
C 于是　上下　那么　生　　D 并且　里外　自然　患

67. 有些人一生病，就______钱财购买进口药、贵重药，认为药品越贵，疗效就会越好。______，这是一种药品消费误区，药价和药效之间并不存在______的正比关系，有些药品价格高，与税率、国家价格政策______。

A 不惜　其实　必然　有关　　B 浪费　结果　充分　涉及
C 可怜　反而　明显　关联　　D 爱惜　自然　偶然　牵连

68. 随着农村生活条件的______，一部分城市人退休后回到农村______，他们把城市文化带回了家乡，______了文化“红娘”，这是农村城镇化进程中出现的______。

A 改革　劳动　承担　新事物　　B 变化　出差　从事　老问题
C 改善　生活　担当　新气象　　D 提高　就业　继续　回头客

69. 对正在步入晚年或刚刚进入晚年的这一代父母______，______没有过去那样多的家庭成员______他们提供赡养支持。来自某大学的一位专家在______记者采访时表示，社会养老至少在短期内无法______中国的养老问题。

A 来讲　已经　为　接受　解决　　B 来说　顿时　把　接收　克服
C 来比　时时　被　联系　回答　　D 而论　刚才　给　迎接　解释

70. ______学习是一个不断认知、积累、检测、改善、巩固的______，学习检测是其中重要的______。学校给学生留作业，并经常______单元考试、期中和期末考试，就是一种检测。

A 既然　经历　关键　设立　　B 不仅　总结　项目　办理
C 因为　过程　环节　进行　　D 尽管　日程　节目　举行

第三部分

第71–80题：选句填空。

71–75.

中国古代大书法家王羲之，对鹅有一种偏爱。

一天，他去看望一个朋友，路过一条小河，看见几只大白鹅在水里游来游去，非常高兴。于是王羲之就(71)__________，鹅游到哪儿，他就跟到哪儿，不知不觉来到一座寺院前。看到鹅进了寺院，王羲之便也跟了进去。道人认出了他是大名人王羲之，就和他谈了起来。

道人问："是什么风把您吹来了？" 王羲之回答："是您的鹅把我引到这儿来的。您的鹅太可爱了，能卖给我吗？"道人说："哪能要您的钱呢？一般的朋友喜欢，我都可以送给他，(72)__________。不过，有件事得求您帮忙，您能不能帮我抄一篇经文？"

王羲之满口答应，马上抄写起来。写完后，谢了道人，便赶着鹅往朋友家走去。

在半路上，正好碰上他要去看望的那位朋友。朋友看见王羲之赶着几只鹅，边走边比画，就奇怪地问："你怎么像个小孩子一样，赶着鹅到处跑，(73)__________？"

王羲之不但丝毫不感到难为情，反而得意地回答："你哪里知道，(74)__________！你看，鹅的脖子是多么灵活，转动是多么自由！它们教了我不少写字的方法，刚才我就是在一边观察，一边练习写字呢。"

从此，王羲之抄经书换鹅的故事就在民间传开了，(75)__________，打动了后世许多人。

A 何况是您呢
B 一直盯着看
C 也不怕别人笑话
D 他聪明好学的精神
E 这些鹅是我的老师啊

76–80.

在中国，每年的农历八月十五是中秋节，家家都要吃月饼。为什么中秋节一定要吃月饼呢？

相传，有一年的八月十五，在一棵桂花树下，一群孩子正玩儿得热闹。这时来了一个从小就没了娘的孩子，他很想参加这群孩子的游戏，(76)____________。他们嘲笑这孩子是"缺少家教的野小子"。这孩子受了委屈，就大哭起来。

原来，这孩子是七仙女和董永的儿子。七仙女被王母娘娘抓回天宫以后，这孩子就跟董永一起留在人间。他边哭边喊："妈妈，你在哪里？为什么不来接我呀？"他的哭喊声惊动了天神吴刚，于是吴刚就化装成农民的样子来到人间。(77)____________，劝孩子不要哭喊。但是，不管吴刚怎么劝，孩子还是哭。他说，除非能见到亲爱的妈妈，他才不哭。吴刚十分为难，最后只得偷偷地取出登天靴递给孩子，并嘱咐他："(78)____________，穿上这双登天靴，就能见到你亲爱的妈妈了。"

孩子牢牢地记住了吴刚的话，乖乖地等着。好容易等到太阳西下，终于圆圆的月亮升起来了。他赶紧穿上登天靴，飞到了天宫。

孩子到了天宫，见到了妈妈。妈妈给孩子准备了柿子、核桃、苹果和花生，还用桂花蜜糖拌花生米、核桃仁儿当馅儿，照着圆月的形状做成香甜的仙饼，送给孩子吃。

正当孩子玩儿得兴高采烈的时候，玉皇大帝知道了这件事。他大发脾气，下令把吴刚押到月宫，罚他砍伐桂花树。又派人脱掉孩子的登天靴，送孩子回人间去。这孩子简直像是做了一场梦，想不到刚跟妈妈团圆，(79)____________。他留恋那美好的时光，留恋那月亮似的仙饼。

后来，孩子长大了，当了官。每逢八月十五，他就让人做这种圆饼，做好后供在明亮的圆月下，(80)____________。这种饼的形状很像圆月。因此，月饼的名称就一直流传到现在。

A 又被拆散了
B 却被大家拒绝了
C 他安慰这个孩子
D 表示对亲人的怀念
E 等圆月升起的时候

第四部分

第 81–100 题：请选出正确答案。

81–84.

在青藏高原上，狼和藏狐等凶猛的食肉动物常常趁着一些小动物毫无防备的时候，猛地冲到它们的聚集地大肆捕杀。面对猛兽，这些以植物为生的小动物立刻吓得四散逃命，而一些来不及逃跑的动物则只好拼死搏斗。然而，无论是逃跑的，还是奋起反击的，几乎都不能逃脱被捕杀的命运。

然而，有一种叫高原鼠兔的小动物却经常能通过它们的智慧巧妙地逃离猛兽的魔爪。高原鼠兔是一种接近于兔子的动物，肉乎乎的身体正是食肉动物的最爱。

对食肉猛兽来说，青藏高原上没有什么可以用来埋伏隐蔽的地方，猛兽捕食的时候凭借的是以往的经验，长途奔袭到小动物聚集的地方，然后突然发起攻击。这样的攻击，极其消耗体能，在奔袭的路上又几乎遇不到饮用水，又饥又渴的猛兽必须在最短的时间内得手，否则倒下的就很可能是自己！

高原鼠兔明白了这一点，便把自己的聚集地选择在湖泊周围。当长途奔袭而来的野兽向它们发起攻击时，高原鼠兔会使出全身力气拼命逃跑。而体力透支的野兽感到自己很难在极短的时间内将高原鼠兔抓到，嗓子发干的它们又抵不住湖水的诱惑，便在湖边停下来喝水。等野兽们喝饱之后，高原鼠兔早已跑得无影无踪了。

渐渐地猛兽对这些无比机灵的高原鼠兔失去了捕杀兴趣，高原鼠兔的种群便开始迅速地繁衍起来。

野兽凶猛的攻击，是高原鼠兔无法承受的难题。但是它们利用外界的条件，将这种难题转化成了自己能够解决的问题，在残酷的竞争中获得了生存的机会。

在我们的生活当中，又何尝不存在着一些看似无法解决的问题呢？将看似无法解决的难题转化为可以解决的问题，这是一种生活的大智慧。

81. 关于高原鼠兔，文中没提到哪一项？
A 生存的智慧　**B** 体型的特征　**C** 聚集地位置　**D** 搏杀的场面

82. 青藏高原的哪方面对猛兽捕猎食物不利？
A 不便埋伏和隐蔽　**B** 小动物们奔跑快
C 高原鼠兔种群大　**D** 小动物们会反击

83. 青藏高原的猛兽为什么在短时间内捕不到猎物，自己就会倒下？
A 呼吸困难　**B** 高原反应　**C** 饥渴劳累　**D** 冻饿而死

84. 高原鼠兔靠什么化解了无法承受的难题？
A 顽强的拼搏　**B** 准确的信息
C 超常的耐力　**D** 聪明和智慧

85–88.

我和他是同事，在一间办公室里工作，但他从不多看我一眼，我对他也冷若冰霜。因为我们为入住隔壁那间经理室已暗斗了三年。

我认为，女人有为达到自己的目的而不择手段的权利，所以有时我采取的一些手段连我自己都觉得有些卑鄙。在他审查即将递交的文案时，我偷偷走进卫生间，学着总助的口气拨通他的电话："总经理找你，速到办公室。"当他转身离开，我便迅速返回，以迅雷不及掩耳之势将他的文案永久删除。甚至，在他忙得焦头烂额时，我会故技重施，捏着鼻子道："你好，你是江福海的儿子吗？他现在在医院，请你马上来一趟。"……

他竟对此茫然不知。尽管这对我战胜对手并未起到多大作用。

那天，公司组织游玩，因晚餐时我喝了不少饮料，便急匆匆地往厕所跑。谁知刚一推门进去，却发现他竟然在里面，裤子的拉链还未拉上。我赫然惊觉自己匆忙之下进错了地方，一下子呆在那里，不知所措。而他只是轻轻地说了一句："还不快走。"

我急忙退出来，满脸通红。心中感激他的平静，但转念又想：他会不会背着我把这件事传到其他人耳中，并添油加醋？毕竟我是他在公司里唯一的竞争对手。

那天，我和他在电梯里相遇，当那个两平米的空间只剩下我们二人时，我不禁感到手足无措，而他只是温和地冲我微微一笑，主动问了声："你好！"

我所有的不自在都在那一声问候中融化。我抬起头，笑着对他说了句："谢谢你。"

他微笑着看着我，显然知道我内心的疑虑。我也微笑着看着他，知道那段插曲已成为我和他之间永远的秘密。然而以往我的那些卑劣手段，却又成了我心中永远的结。

几天后，由于业绩突出，他毫无争议地入住了隔壁那间经理办公室，而我成了他手下的职员。在他正式升职那天，我打算说出以往对他所做的种种，却欲言又止。不料，他竟微笑着先开口了："其实，我早就知道了，我从不说破，也从未以牙还牙，因为，我深信报复并不能让一个人成功，能改变一切的只有宽容。"说得真对。我们成为好朋友了，我就坐在宽容的隔壁。

85. 哪项是"我"对他使用的卑劣手段？
A 对他很冷淡　**B** 向上级告他　**C** 用谎言骗他　**D** 跟他结冤仇

86. 他的哪方面最使"我"折服？
A 严谨的作风　**B** 宽容的心态　**C** 敬业的精神　**D** 幽默的性格

87. "以往我的那些卑劣手段，却又成了我心中永远的结"，表达了"我"什么样的心情？
A 愧疚　**B** 憎恨　**C** 埋怨　**D** 怀疑

88. "我"对最后的竞争结果：
A 心存感激　**B** 很不服气　**C** 心悦诚服　**D** 不屑一顾

89–92.

去年，年三十的傍晚，我从广州火车站坐上了车。不知到了哪个小站，上来一个农民模样的人，拉着个小女孩儿，对着车票仔细核对座号，辨认清楚了，他们才坐下。整个车厢其实没几个人，你想坐哪儿都行。一看就知道，他们是不常坐车的。

这一路肯定无聊透了，别想找一个人在火车上玩儿牌了，我只好看书。晚上，餐车送了一次面条，黏糊糊的，我没胃口，便拿出上车前买的江南酱鸭，要了一瓶啤酒，准备凑合着吃一顿年夜饭。我请对面的一起吃。男人连摆着手，说不吃。小女孩儿看着面包，咽了一下口水。我递过去一块面包，又撕了一只鸭翅，笑着说："吃吧，都过年了，客气啥！"我又拿出花生米、凤爪等下酒菜，索性喝个痛快。

我边吃边问："你们回家过年？""嗯……不，孩子没看过雪，带她去看看。"

"喔。"我嘴里应着，心想中国还有这么浪漫的农民。

没怎么说话，饭很快吃完了，酒也喝光了。男人主动收拾桌上的碎骨。小女孩儿突然问我："叔叔，你看见过雪吗？"我笑着说："见过，白的……"

这时我想去洗手间。路过洗手池的时候，我看见那个男人抱着头在哭泣。

在男人的哭诉中，我了解到在小女孩儿四岁时，她的母亲去世了，九岁时她得了白血病，医生说今年可能是她最后一个春节了。爸爸问她想要啥，她说只想看看雪，生长在广东偏僻的山区，她从来没有见过雪。《济南的冬天》那篇文章激起了她看雪的愿望，在她的脑海中不断想象着冬天真正的模样。这个一贫如洗的父亲在大年三十晚上和他的女儿一起坐火车准备看雪，坐这趟车去，再坐当晚的车回，再也没有多余的钱去住旅店和在车上吃饭了。临走前，他们听了天气预报，说杭州今夜有一场大雪。

我走到座位旁，给小女孩儿耐心地讲起了下雪时的种种趣事。她那双黑眼睛就像灰烬里的火星，一闪一闪的……到站了，杭州很冷，风很大，却没有雪。我拿了三百块钱给他们，他们死活不要。我留下一堆食品给他们。他们送我上了回家的中巴……

以往在回乡的时候，最怕碰上风雪天，而今天我希望赶快下雪，下得越大越好。

一天无雪。一夜无雪。初三晚上，一家人围着吃火锅，窗外响起了淅淅的声音。我突然说了声："下雪了！"

89. "我"对那两个人的态度起初是怎样的？
A 十分同情　**B** 很是担忧　**C** 有些轻视　**D** 极为感动

90. "我"为什么要给他们三百块钱？
A 希望女孩能实现看雪的愿望　**B** 希望父女二人能尽快回到家
C 希望父亲带女孩去医院看病　**D** 希望他们欢欢喜喜过个春节

91. 作者为什么写初三晚上下雪了？
A 表达了作者对小女孩的同情　**B** 为了渲染过春节的热闹气氛
C 表达作者对天气预报的不满　**D** 希望自己回家时千万别遇风雪天

92. 下面哪项最适合做本文题目？
A 小女孩的愿望　**B** 一个丧母的女孩
C 乡下农民和女孩　**D** 父女去杭州看雪

93–96.

信用制度是现代社会的基本制度，现代社会是建立并运作在信用制度之上的。现代信用制度是在古代信诺哲学以及由此产生的民俗民德的基础上发展起来的，但现代的“信用”与古代的“信诺”却有着明显的区别。古代人讲信用，“人无信不立”，但这个“信”，我认为是讲做人的道理的，还不算是具有经济学、法理学依据的信用制度。孔子是最讲“信”的，不过这种“信”仅限于哲学伦理的范畴。在现代社会，“信”是用来使用的，这就是说，“信”在现代社会具有了实用价值，这与古代的“信诺”有着本质的不同。具体来说，古代的“信诺”与现代人的信用制度有以下几点区别：

第一，古代人的“信诺”是一种人格操守，是由自然经济和人身依附关系所决定的一种个人道德品质；而现代人的信用制度则是一种契约关系，是由工商经济和相互依存关系所决定的一种互惠制度。

第二，从使用的范畴来讲，古代的“信诺”只涉及少数人，而现代信用制度则涉及现代社会的每一个人。

第三，从使用的结果来看，古代人是否守“信诺”，只会造成道德上受益或受损；而现代人不遵守信用制度所受的惩罚主要是经济和法律上的。

现代的信用制度涉及经济、政治、教育、文化、科学等广泛的社会生活领域，但是实质上它是一种金融准法律制度。说它是准法律制度，是因为信用是主导，法律只是起辅助作用；但是一旦信用的底线被打破了，还是会进入法律程序的法律领域。

现代信用制度具有加快资金周转、稳定金融市场和促进经济发展的宏观作用。对个人来说，具有化解困难于无形、集众力于一身的社会促进功能。就拿信用贷款来说吧，一个人一生中总有资金短缺的时候，不借贷就会失去一次发展机遇。中国有很多知名企业家都是靠借贷起家的。新的观念告诉我们，对个人来说，信用贷款不是消费，而是投资。

93. 现代的“信用”与古代的“信诺”有什么关系？

A 都具有法理学的依据　　**B** 没有任何直接的关系

C 前者实际上来源于后者　　**D** 后者是前者的法理依据

94. 古代“信诺”的社会基础是什么？

A 小农经济和雇佣关系　　**B** 资本关系和劳资关系

C 自然经济和人身依附关系　　**D** 工商经济和相互依存关系

95. 现代信用制度的实质是什么？

A 个人的人格操守　　**B** 金融准法律制度

C 人与人的协作关系　　**D** 正规的金融法律制度

96. 根据本文，如果遇到资金困难的时候应该怎么办？

A 改变原计划　　**B** 向银行贷款

C 向亲友筹集　　**D** 靠自己积蓄

97–100.

在印度洋西部的一个国家里，有一种竹子生命力十分强大。其种群分布相当广泛，只要是温度适宜的地方，几乎都可以生长。这种竹子每公顷在花期过后种子可达 50 公斤，但开花结籽却大抵要等一百多年才遇一次，一般很少有人能见到。因此大多数人都认为竹子只是靠分根生笋的方式繁衍。其实，这只是竹子生存的一种权宜之计。

竹子开花的时间因品种不同而异，最短的一周期要 15 到 20 年，大多数品种都要在 120 年左右开一次花，而且同一种竹子不管生长在什么地方，都同一时期开花结籽。这种奇特的生命现象令生物学家们百思不得其解。

然而，专家经过研究得出的结论却是简单而理性的：为了它们的种子不被吃掉，凡是喜欢竹花或竹籽的动物很少有能活过 100 年的，偶然碰上了，由于同时开花结籽，种子量大，吃也吃不绝，剩余的种子也足以繁衍种群。竹子会有这种理性吗？解释它只能靠进化论“适者生存”的法则了。

但这种生命等待的耐力真是让人感动。竹子为了一次开花结籽要等 120 年，120 年的“独身生活”对一切都无动于衷，而一旦生命的顶峰周期来临，便真个是“枯木朽株齐努力”，株株开花，枝枝结籽，飘落满地，展示着生命的壮观。

竹子在漫长、痛苦甚至是黑暗中坚守到了生命开花，并在极短时间里，完成了对于保存物种生命延续所应该做的一切，也尝到了生命的所有快乐，然后静静死去，它们的子孙同样重演着生命的坚守与苦乐！

这种坚守，如同蛹到了生命的尽头才会化成蝶，让生命绚丽多姿；如同水汽抵达天空成为虹，让生命色彩斑斓。这种坚守，成就了它们生命最终的美。

97. 为什么开花周期越短的竹子生存数量会越少？

A 动物不帮它们授粉　　B 结籽繁殖受到破坏

C 它们只开花不结籽　　D 它们不能同时开花

98. 什么奇特的现象会发生在同一种竹子身上？

A 寒冷地方的竹子开花较早　　B 动物会把它们的种子吃净

C 不同地方的竹子同时开花　　D 散发出的水汽能变成彩虹

99. 什么时候是竹子生命中最壮观的时候？

A 分根生笋时　　B 开花结籽时

C 长期等待时　　D 幼株成长时

100. 作者对竹子能如此坚守 100 多年表示了怎样的心情？

A 惋惜　　B 敬佩　　C 怜惜　　D 遗憾

阅读专项训练（十一）参考答案

第一部分

51. D	52. A	53. C	54. B	55. A
56. D	57. A	58. A	59. C	60. A

第二部分

61. B	62. D	63. A	64. A	65. C
66. A	67. A	68. C	69. A	70. C

第三部分

71. B	72. A	73. C	74. E	75. D
76. B	77. C	78. E	79. A	80. D

第四部分

81. D	82. A	83. C	84. D	85. C
86. B	87. A	88. C	89. C	90. A
91. A	92. A	93. C	94. C	95. B
96. B	97. B	98. C	99. B	100. B

阅读专项训练（十一）答案详解

第一部分

51. D 项中的“改善心血管”使人难以理解，正确的搭配应该是“改善心血管功能”。

52. A 项中的“适合逻辑”搭配不当，正确的搭配应该是“符合逻辑”。

53. C 项中“瓜田里没需要什么复杂的管理技术”里的否定词“没”用得不对，应改成“不”。

54. B 项中“我是搞财务工作”后应加“的”，让“的”字短语做“是”的宾语。

55. 根据句意，A 项中的“只有”应改成“只要”，构成“只要……就……”格式。

56. D 项中的动词“希望”本身已表示静止状态并含有持续意义，不必加“着”。

57. A 项中的“尽管”应改成“不管”、“无论”或“不论”，构成关联词语“不管……总……”、“无论……总……”或“不论……总……”格式。

58. 根据句意，A 项中的“把”应改成“使”。

59. C 项中的“了”应去掉，因为“才”和“了”不能出现在一个句子里。

60. A 项中“进行”的宾语必须是一个动词，这个动词不能再带其他成分。

第二部分

61. 从第一个空来看，可填入“生存”或“生长”，它们可跟后面的“生物群体”搭配，而 A 项中的“存放”和 D 项中的“游泳”跟句意不符，应排除；再看第二个空，能填入“现象”，可排除“气象”。所以 B 项是正确答案。

62. 从第一个空来看，能填入“靠”或“以”，而排除了 A 项中的“按”和 B 项中的“据”；再看第二个空，能填入“享有”，它能跟“良好的声誉”搭配，又排除了 C 项中的“含有”。所以 D 项是正确答案。

63. 从第一个空来看，可填入表示假设关系的“如果”或“要是”，排除表示转折关系的“虽然”和“固然”，即排除了 C 项和 D 项；再看第二个空，可填入介词“由”，构成介词短语“由身体”，而“在”不符合本句意思，应排除。所以 A 项是正确答案。

64. 先来看看第一个空的四个备选词的含义和用法：“交替”是“替换、轮流”的意思，如：“工作和休息要交替进行。”“交换”是“双方各拿出自己的给对方”的意思，如：“我喜欢你那件毛衣，你喜欢我这件，咱们两个交换一下得了。”“轮换”是“轮流替换”的意思，它的行为主体必须是两个或多个，不能是一个，如：“在国外工作的教师两年一轮换。”“更换”是“变更、替换”的意思，其对象可以是人也可以是物，是具体的名词，如“更换名称”、“更换展品”、“更换位置”等。由此可见，第一个空只能填入A项中的“交替”。所以A项是正确答案。

65. 填入第一个空的量词只能是“句”。所以C项是正确答案。

66. 从第一个空来看,可以填入表示因果关系的“所以”或“因此”,而C项中的“于是”和D项中的“并且”要排除;再看第二个空,能填入的是“左右”一词,而“前后”应排除。所以A项是正确答案。

67. 从第一个空的前后语境来看,应该填入“不惜”一词,因为“不惜”是“舍得”的意思,其他三个词都不符合本句的意思。所以A项是正确答案。

68. 先来看看第一个空的四个备选词的含义和用法。“改革”作为动词是指“把事物中旧的不合理的部分改为新的、能适应客观情况的”,如“改革文字”、“改革不合理的制度”等;作为名词是指“为将事物中旧的不合理的部分改成新的、能适应客观情况的所进行的变革”, 如:“对教育制度的改革, 每个公民都应该关心。”“变化”作为动词是指“事物在形态或本质上产生新的状况”,如:“世界上的一切事物都在不断变化着。”作为名词是指“事物在形态或本质上发生的变革”,如:“我几年没回家乡,这里的变化真是太大了。”“改善”作为动词是指“改变原有情况使好一些”,如:“你们应该想办法把职员的生活条件改善一下。”作为名词是指“为使原有情况好一些而做的改变”,如:“人民的生活水平有了改善。”“提高”是指“使位置、程度、水平、数量、质量等方面比原来高”,如“提高文化水平”。通过以上解释,并根据句意,可知“改善”填入本空是最佳选择。所以C项是正确答案。

69. 从第一个空来看,能填入“来讲”或“来说”,因为它们能构成固定格式“对……来讲”或“对……来说”,而“来比”和“而论”则没有这种格式,所以应排除C项和D项;再看第二个空,能填入“已经”,“顿时”则不合句意,所以又排除了B项。所以A项是正确答案。

70. 从整个句子来看,第一句表示的是一个原因,所以第一个空应填入C项中的“因为”。所以C项是正确答案。

新汉语水平考试

HSK（六级）

阅读专项训练

（十二）

阅 读

第一部分

第51-60题：请选出有语病的一项。

51. **A** 中国有句俗话：饭后百步走，活到九十九。它说明了运动对身体健康很重要。
    B “团结就是力量”这句话大家都听说过，但是对它的理解和运用就不大相同了。
    C 长城之所以能对旅游者有那么大的吸引力，就是因为长城代表着中国的历史和文化。
    D 这个电影之所以这么受欢迎，是因为拍得很美，男女主人公演得都很好，故事也很感人了。

52. **A** 你别老是看不惯年轻人的做法，他们生活的时代毕竟和我们那时不同了。
    B 完成这个科研项目对一个刚走出校门不久的学生来说，确实不是一件轻而易举的事。
    C 有很长一段时间，我的心情很不好，把自己关在屋子，任何人也不想见，什么话也不想说。
    D 他们虽然说要公平公正地处理好这件事，但是在实际处理中却又有意无意地偏袒责任方，真让人弄不懂。

53. **A** 蓝天上飘着白云，一个蒙古少女唱着歌，骑着马缓缓地走过去，此情此景真是非常美极了。
    B 胜利的消息一传出，现场的人们就欢呼起来，每个人都感受到一种从未有过的幸福洋溢在心间。
    C 这么多年母亲从未离开过家，直到弟弟考上大学以后，母亲才放心地去上海探望父亲并留在那儿。
    D 国庆前夕，北京市园林局准备在天安门广场摆放成千上万盆鲜花，届时天安门一定会呈现出一派节日景象。

54. **A** 他们原先是竞争对手，后来才由此相识结婚的，这段小插曲被队友们传为佳话。
    B 他毕竟年轻，遇事只知焦急，却拿一点儿主张不出来，看着姐姐那副沉着的样子不由得奇怪起来。
    C 中国有句俗话：“有钱难买老来瘦。”近年来，老年医学研究表明老年人适当控制食量有益于健康。
    D 近日的浓雾天气是高空冷暖空气交锋的结果，虽然今天已明显好转，但不排除今后几日再发生的可能。

55. A 虽然他很平凡,没做出什么惊天动地的大事,但在我心里,他是一个伟大的人。

B 一走进绸缎商店,他顿时就把那些五彩缤纷、花色繁多的绫罗绸缎弄得眼花缭乱。

C 他每次旅行回来总把在各地的见闻详细地告诉我们,因此我们虽然足不出户,倒也增长了不少见闻。

D 在传说中,大海里原本没有这座小山。后来鸟儿不断地把小石子带来,经过多年积累,就形成了一座小山。

56. A 这件事发生得有点儿忽然,我想了好久,也想不出个所以然来。

B 天是蓝的,水是绿的,山峰是翠绿的,在这儿拍张照片多有诗意啊!

C 母亲那勤劳俭朴的习惯,那宽厚仁慈的性格,至今还在我心中留有深刻的印象。

D 沙滩上有各色各样的贝壳,蓝天丽日之下,端详它们的色泽、形状,自有一番情趣。

57. A 他这个人一发怒起来,就会什么都不顾的,盆啊、碗啊都会成为他发泄的对象。

B 我们看到一枝并蒂莲就产生一阵羡慕,这是艺术作品给我们一些影响的缘故。

C 武松打了五十六拳,大虎眼里、鼻子里、耳朵里都迸出鲜血来,一点儿也不能动了。

D 一篇文章首先要言之有物,仅是堆积大量华丽而无用的词语,是不会使文章生色的。

58. A 要把一个国家的文字译成另一个国家的文字,不是一件轻而易举的事。

B 院长把实际情况都还没有了解清楚,就发号施令,结果引起多数人的反感。

C 我喜欢这绚丽灿烂的秋色,因为它标志着成熟和繁荣,也意味着愉快和欢乐。

D 有些事情往往在开头总是既有反对的也有赞成的,然后通过协商讨论,才能取得一致意见。

59. A 她因为是个年轻姑娘,却从来不爱打扮,给人们的感觉是天然美。

B 出于表达中心思想的需要,文章前面说过的话,到后面再说一遍,这在修辞学上叫反复。

C 血栓是在血管中形成的血块,如果发生在脑血管里,就会引起脑梗塞、中风等脑血管疾病。

D 非洲有一种叫醉草的植物,你只要在它的周围站一会儿,就会像喝了过量的酒似的酣醉起来。

60. A 这个学院教学条件不但差,而且教学秩序也很混乱。

B 我常对他说,干什么事都应认真,要是采取马马虎虎的态度,是永远办不好事情的。

C 我思绪纷繁,好似一个人抓住了一块木板漂浮在茫茫的大海之中,努力挣扎着,感到孤立无援。

D 他过去所熟悉的学校生活,在他的记忆里渐渐地淡忘了,现在是到了一个有些陌生的环境里来了。

第二部分

第 61–70 题：选词填空。

61. 蔬菜是市民重要的必需品，______蔬菜产业又是一个脆弱的产业，容易受自然条件和生产成本的______。因此，保生产是保供应、稳价格的前提______。

A 同时　影响　条件　　**B** 并且　破坏　保证
C 更加　制约　发展　　**D** 但是　作用　安排

62. ______雍正元年起，同仁堂正式供奉清皇宫御药房用药，供应时间长达 188 年，这就______了同仁堂人在制药______中精益求精的严谨精神。

A 经　铸造　程序　　**B** 从　造成　历程
C 自　造就　过程　　**D** 在　成就　经过

63. 鲜花是营造气氛的绝佳道具，用在餐桌上时，通常______鲜花或小巧的观叶植物，体积______太大，______遮挡视线。

A 使用　未免　免得　　**B** 巡视　适宜　哪怕
C 检查　不适　难免　　**D** 采用　不宜　以免

64. 草原文化与黄河文化、长江文化______为中华文化的重要______部分。草原文化是内蒙古的第一______，是自治区最大的无形资产，打响这张牌，对于内蒙古______的发展具有______的意义。

A 列举　规划　名牌　后来　深刻　　**B** 并排　发展　牌子　往后　深厚
C 并肩　综合　品质　以后　长远　　**D** 并列　组成　品牌　今后　深远

65. ______，风衣已成为欧美、日本不少男士的通勤装，______西装、衬衫一样，是日常生活______的装束，也是精英男士______风格、品味的载体。

A 日前　如　意味着　表演　　**B** 当时　跟　不简单　演出
C 立马　比　了不起　表达　　**D** 如今　像　离不开　展现

66. 在我的同学中，追星已经成为一种______的潮流，而学生的偶像大都是影视明星、歌星、时尚族______"超女快男"。他们会______明星的外表，有时候会盲目崇拜。我______同学们能健康追星。

A 普通　或者　欣赏　理解　　**B** 普遍　以及　羡慕　希望
C 确实　甚至　爱好　愿望　　**D** 广大　还是　喜欢　命令

67. 每年的国庆节长假，人们似乎比平时______忙碌，忙着举家购物、聚餐，忙着旅游休闲。但也有一群人______让他人过个食品充足的假日，自己忙碌在农贸市场里，无论是______的忙碌，每个人都能______到乐趣。

A 异常　因为　这么　懂得　　B 十分　目的　怎么　明白
C 更加　为了　怎样　体会　　D 万万　由于　如此　理解

68. 我们要告诉孩子如何______地分配学习和上网的时间，如何充分______网络来获取有利于学习的信息，如何______网络病毒的侵害。当孩子具备了______的常识和控制的能力，我们就无须再为孩子担心了。

A 合理　利用　抵御　辨别　　B 正确　使用　反抗　分辨
C 合适　搭配　防护　区别　　D 善于　实用　预防　分别

69. 在开放的现代社会，跨文化的现代交际显得______重要，已经成为现代交际中______的一个特点。交际中的文化差异______可见，语言环境中的文化因素______普遍重视。

A 愈发　引人注目　随处　受到　　B 自然　循序渐进　周围　遭遇
C 愈加　任重道远　空间　获得　　D 简直　一举两得　各处　遭受

70. 长期的______训练和大型演出，培养了学生们______的集体荣誉感和顽强的拼搏______，也练就了他们健壮的体魄和______过硬的本领，同时______了整个校园文化的发展。

A 严厉　满足　意志　一件　感动　B 严格　强烈　精神　一身　带动
C 紧张　好强　作风　一嘴　领导　D 劳累　自满　工作　一种　带领

第三部分

第 71-80 题：选句填空。

71-75.

我和丈夫都在公司里上班。我在一家出版公司，他在一家贸易公司。丈夫经常要出差，一年中，他差不多有一半的时间是在世界各地飞来飞去。(71)__________，今年刚上小学一年级。我们的生活每天忙得停都停不下来。

早上，我先要照顾七岁的女儿，让她吃好，洗好，穿整齐，然后在家门口等学校汽车来接。(72)__________，我才开始打扮自己。

八点半我离开家去上班。一路上，先坐公共汽车，再换地铁，一个小时后才能到公司。这一个小时里，我或看书或听法文录音，(73)__________。

我们公司出版十多种杂志，而编辑只有我们四五个人，可以想象我们的工作有多忙，有时候，忙得连上厕所的时间都没有。

中午一个小时的午饭时间，我总是急急忙忙地吃一点儿，然后，或者上法文课，或者去打半个小时的网球。晚上下班，还不能马上回家，(74)__________，我常常要去听讲座、看展览，有时也看电影或者和朋友见面。

忙了一天，我终于回到家，却不能马上睡觉。女儿每天一定要听我讲个故事才肯睡。我这个当妈的其实一天也就为她做这么一点事儿，所以再累我也要和她玩儿一会儿，给她讲个故事。

第二天早上，女儿六点半就醒来了，(75)__________，打起精神开始新的一天。

A 她走了

B 为了工作

C 一点儿也不能闲着

D 我们的女儿七岁了

E 我也得从梦中醒过来

76–80.

中午，我和几位同事去公司楼下的小饭馆吃饭。我们旁边一桌坐着两个人，听他们说话似乎是在相亲。

那女的长得很漂亮，可是说话很傲气，一见面就对那男的提很多要求：问那个男的是不是有车有房，不许他抽烟喝酒，结婚后五年内不想要孩子，结婚后不和老人一起住……总之，颐指气使地说了一大堆，(76)__________。

那个男的相貌平平，一副温顺的样子。那女的提条件的时候，那男的就一副唯唯诺诺的样子。我和同事们见了很是不爽，一个个哀其不幸，怒其不争，真想走过去替他反驳几句。

好不容易等那女的提完了条件，安静下来了，那个男的才轻声地问："我现在可不可以问问你的条件？"那女的不屑地说："好，你问吧。"

那男的正了正身子，突然语气强硬起来了："我想知道，你的三围是多少？你谈过几次恋爱？还是处女吗？……"

没等男的问完，那女的就恼羞成怒了："你以为你是比尔·盖茨啊？要求这么高！"

那男的又淡然地说："我没有比尔·盖茨有钱，但我在银行里有两千多万人民币存款，(77)__________。在上海、北京、广州都有房产……"

我们一听全傻了，原来是一个有过亿身家的"钻石王老五"呀！他竟然跑到这样的小饭馆里来相亲，是不是想存心考验一下那个女的呀？

那女的一听就立马变了表情，低声下气地开始报三围，并开始哭着痛述曾经遭遇的不幸经历，什么年轻时不懂爱情啦，(78)__________。

这时，我们公司一美女阿静站了起来，深情款款又略带羞涩地走到"钻石王老五"身旁："这位先生您好，我的三围很标准，还是处女，我很符合您的条件。(79)__________？"

小饭馆里的人全都愣住了。"钻石王老五"也被这突如其来的状况搞得手足无措。稍稍平静了一会儿，"钻石王老五"略带歉意地说："对不起，我们正在排练一部话剧，正在对稿，不好意思，(80)__________。"

阿静的脸立即就黑了，在众人的窃笑声中，她尴尬地夺门而去。

A 让你们误会了

B 还有一千多万美元

C 让人听了十分不舒服

D 一副痛哭流涕的样子

E 请问我能请您喝杯咖啡吗

第四部分

第 81–100 题：请选出正确答案。

81–84.

读书时代的一件事我印象很深。有一次，老师出了道数学难题，叫我和另一名同学上讲台解答。我很快考虑好解答步骤，而那位同学还在那里思考。为了表现一下聪明，我很得意地用粉笔在黑板上"刷刷刷"，三下五除二就做好了。这时那名同学还在一笔一画地写着。我很自豪，将粉笔头一扔回到座位。我和那位同学都答对了，但老师给的评语却大不相同。她指着黑板上我写的字说："看看，急急忙忙，马马虎虎，这是做学问的严谨态度吗？在能力相当的情况下，做学问其实就靠个人的态度了……"说实话，我心中并不以为然，我看重的是结果，而老师要的似乎还有过程。

多年后，我去应聘一个会计职位。由于我有相关工作经历和较高的职称，对手们纷纷落马，剩下一个小伙子与我一同参加最后的面试。单位的会计主管接待了我们，他拿出一堆账本，要我们统计一下某个项目的年度收支情况。虽然只是"小儿科"，但我不敢小视，认真地在计算器上加加减减。约一个小时后，我完成任务了。又过了 10 分钟，竞争对手也做完了。会计主管拿着我们的"试卷"去老总办公室。

结果我竟然落聘了。会计主管解释说："你没有做月末统计，而他不但做了，还做了季度统计。"这时我问："不是要年度统计吗？"主管笑道："是啊，但年度统计数据应该从每月合计中得到——这不算什么会计学问，但反映了做会计的严谨态度。也许你们能力相当，所以，我们最后要看的就是个人的态度了。"

81. 作者在解答老师出的数学题时，表现得怎样？

A 非常认真　　**B** 出现错误　　**C** 又快又好　　**D** 不够稳重

82. 作者对老师的那番评价感到：

A 很认同　　**B** 很尴尬　　**C** 很遗憾　　**D** 不服气

83. 作者认为应聘单位的面试怎么样？

A 难度大　　**B** 很容易　　**C** 很奇怪　　**D** 数量多

84. 作者写这两件事是为了说明：

A 态度与结果同样重要　　**B** 自己很聪明但运气差

C 做事情结果正确就行　　**D** 做事认真要从小培养

85–88.

台风通常孕育在赤道附近的热带海面上。至于台风的来源，科学家认为，如果地球从不自转，那么台风也就不可能产生了。

这种强烈的热带气旋在不同的地区有不同的称呼：生成于太平洋西部的被称为台风，生成于大西洋和太平洋东北部的则被称为飓风。台风形成后，就会向纬度较高的地区运动，给所到之处带来极大的破坏。不过，一个台风也不会永远存在下去。如果得不到足够的水汽和能量，它就会消失，登陆以后往往会很快地烟消云散。

台风在普通人眼中，总是与狂风、暴雨、巨浪和惊人的破坏力联系在一起，有时候还包括死亡。因为它常常给人类带来巨大的破坏和损失，所以提到它，人们的第一反应是恐惧和憎恨。然而，台风在危害人类的同时也给地球和人类带来很多好处，可以说也是在保护人类。例如，台风给人类送来了淡水资源，被称做“为地球输送淡水资源的使者”，可大大缓解全球水荒。一个中等直径的台风，从海洋登陆可带来30亿吨的降水量。据研究发现，中国、日本、菲律宾、印度、越南以及美国沿海地区总降水量25%以上的水，都是随台风而至。正是有了台风的光顾，才有大量从天而降的雨水，使草木繁茂、农作物丰收。

另外，由于地球上各地日照量不一样，冷热分布不均衡，才有了热带、温带和寒带。而台风能使世界各地冷热保持相对均衡。假如没有台风为热带驱散过多的热量，热带将会变得更热，而寒带也会更冷，温带将荡然无存。有了台风才使得地球能量保持着热平衡，所以说台风既危害人类，也保护人类。

85. 产生台风的根本原因是：

A 地球公转　　**B** 地球自转　　**C** 赤道太热　　**D** 四季变换

86. 台风和飓风的区别是：

A 强度不同　　**B** 直径不同　　**C** 生成地不同　　**D** 风力不同

87. 怎样理解本文第三自然段中的“光顾”一词？

A 百姓欢迎　　**B** 台风来到

C 雨水普降　　**D** 农作物丰收

88. 下面哪项最适合做本文题目？

A 台风也有功劳　　**B** 台风与热平衡

C 台风与水资源　　**D** 台风的破坏力

89–92.

他是个积极上进、乐观开朗的青年。中学、大学阶段，他不但学业出色，而且能力很强，从班长到学生会主席，他都干得有声有色。他是在赞美声中一路走来的高材生。他毕业后进入一家知名公司，成为一名白领。

可是，踏入职场后，一些事情就发生了变化。他工作非常努力，可奇怪的是，不论他做得多么好，经理总爱挑他的刺儿。经理让他一周内完成一项企业创意，他加班加点，三天就顺利完工。可是，经理看完后说，创意的确不错，但许多环节还得修改。他修改后，经理还能挑出毛病。这样，反复改了六稿，才勉强过关。

后来陆续发生的事情，使他觉得经理处处跟他过不去。比如招待客户，他已经做到尽善尽美了，连客户都翘起了大拇指，但客户走后，经理还是指出了他的几个瑕疵。再比如，一次参加谈判，还没到会场，经理就说他衣着不得体，让他马上回去换一套。他只得憋着一肚子的气赶回去换衣服。他觉得，经理不仅挑剔，而且简直有点瞧不起他。因此，他想可能永远也得不到经理的认可。他开始有些泄气了，对经理也不再毕恭毕敬。

经理没有因为他时而流露出的不满而改变什么，依旧挑剔。他忍着，一直忍了两年半。年底，他准备跳槽时，经理却宣布了一条决议：他被提为经理助理。他有些发懵了，怎么突然得到了经理的认可？他首次说要请经理吃饭。

那天，经理很温和，对他说："这两年你受了不少委屈，肯定有想不通的时候吧？"他笑着点头。经理也笑了："不瞒你说，我平时受的委屈比你还多，老总几乎每天都挑我的毛病。我不光习惯了，还明白了一个道理，一个人必须学会在挑剔中成长，这是对挑剔者最好的回答。"

他释然了。没有最好，只有更好。要想在职场上有所作为，除了努力工作，更要学会在挑剔中不断地成长。

89. 关于他的中学、大学阶段，下面哪项不符合本文的意思？

A 工作能力很强　　**B** 学习成绩优秀

C 伴随着赞美声　　**D** 没穿过白衬衫

90. 他踏入职场后，发生了什么变化？

A 赞美声音减少了　　**B** 工作热情下降了

C 工作能力降低了　　**D** 着装方面讲究了

91. 他对经理哪点很不满意？

A 工作效率低　　**B** 实在爱挑剔　　**C** 不让他跳槽　　**D** 思想太保守

92. 经理温和的谈话，使他明白了什么？

A 遇事要学会忍耐　　**B** 人生伴随着挫折

C 要在挑剔中成长　　**D** 还挑剔者以颜色

93–96.

两亿年前，世界上没有花。后来有了蕨类植物，但这些植物并不能形成真正的花果。它们只是无性繁殖，以种种手段来克隆它们自己。

有花之前的世界比我们现在的世界寂寞得多，因为缺乏果实和大种子，不能支撑许多温血动物，所以爬行动物统治着世界。

花改变了一切。被子植物出现后，它们以极快的速度在世界上传播。一开始靠风或水到处运送基因，后来有了动物的帮助。这是一个巨大的共同进化合同：植物供给动物营养，动物帮助植物繁殖，相互依存，共同发展。

植物在进化过程中，那些能够吸引花粉传递者注意力的花在自然选择中得到发展。动物的种种欲望在植物进化中变得极为重要。道理很简单：那些满足了这些花粉传递者欲望的植物会有更多的后代，所以具有更大、更明亮、更甜、更芬芳花朵的植物，在新的规则下，很快地得到了繁殖，美作为一种生存策略出现了。

由于植物的花粉是靠昆虫来传递的，有时可能传递到错误的地方去，造成一种浪费。所以植物在进化中能够尽可能地从视觉上、气味上与其他物种分开，也成为一种优势。植物在适应动物的欲望中逐渐细化，于是前所未有的花的多样性就出现了。

花变成了种子，这也在地球上再次创造了生命。靠着生产糖分和蛋白质来诱惑动物去扩散它们的种子，被子植物增加了世界上的食物能量的供应，使得大型的温血哺乳动物有可能出现。如果没有花，爬行动物很可能至今还在统治着世界；没有花的话，我们人类可能就不存在了。

93. 为什么说在有花之前，世界比较寂寞？

A 植物无性繁殖　　**B** 动物种类单一

C 植物种类单一　　**D** 出现克隆技术

94. 被子植物的基因传送，最初靠的是什么？

A 昆虫　　**B** 动物　　**C** 人类　　**D** 风或水

95. 被子植物在动物的进化方面，最重要的是：

A 播撒植物种子　　**B** 供给食物能量

C 细化动物类别　　**D** 驯化一批昆虫

96. 本文主要说的是：

A 花与生命　　**B** 花与媒介　　**C** 花与昆虫　　**D** 花的品种

97–100.

大三那年，我开始进入某家律师事务所实习，我的父母对我懂得及早规划事业方向甚是满意。我妈生日的时候，我爸送了她一辆新车，于是她将淘汰的捷达送给了我。

用了三年的银灰色捷达，表面看来状况还好，我昵称它为“小灰”。作为人生中的第一辆车，我对它还是满意的。小灰向我展示了两个多月健康皮实的面貌后，圣诞节，它那橘色的 ABS 指示灯在我回家的途中持续亮着，很是刺眼。商店对此类问题的报价是 3000 元。我妈给我卡里打了这笔钱，让我赶快解决这个问题。可是我想，3000 元顶得上我好几个月的生活费了。于是，我将网友在论坛上支的招打印下来，利用一个下午，卸下小灰的控制电脑，拆开外面的密封外壳，用烙铁依次加固了电路板一侧的十几个焊点，再原样装回车上。除耗掉一个下午的时间外，整个费用为零元，问题得到彻底解决。我用 3000 元的 1/6 买了一台刻录机，开始帮同学们刻光盘。

开车就会面临停车，停车就会面临停车位紧张。某天晚上我载着好友去后海吃饭，转了两圈，地上画出的每一个停车位都满满当当，可是，饥肠辘辘的我们绝无耐心再奔向下一个地点。在一辆奥迪后面停稳后，我从后备箱里找出一罐涂墙面剩下的白色喷漆，给我的“小灰”在地上喷了一个新车位。三个月后我们再去那里，一辆甲克虫稳稳当当地停在我们留下的作品里。

自从有了“小灰”，我的好友们认为在车里谈情说爱比在露天浪漫许多，于是他们常租借“小灰”。好友们会给我些零钱让我去快餐店吃东西，我会视零钱数量决定租借时间。如果好友够慷慨，我会在吃完饭后在路边买只玫瑰花送给他们。那次，小峰闹财政危机，翻遍衣兜掏出的毛票刚够买份肯德基二号套餐。15 分钟后，我吸着饮料回来，小峰愤怒的眼神能喷出火。

那晚与小峰约会的姑娘嫁给了小峰。婚礼上，姑娘说：“第一次约会，他一直牵着我的手，手上很多汗，特羞涩。”

是啊，那晚我拿走了“小灰”的钥匙。在一个三伏天，车里没有空调，想不流汗还真是不容易。

97. 妈妈为什么将车送给“我”？

A “我”上班需要　　**B** 对“我”的奖励

C 支持“我”学车　　**D** 让“我”交女朋友

98. 到后海吃饭那天，“我”是怎么处理车位紧张问题的？

A 耐心等待别的车离开　　**B** 只好到别的饭店吃饭

C 只好停在别的车后面　　**D** 为自己的车画了个车位

99. 在什么情况下，“我”会买玫瑰花送给朋友？

A 他们需要安慰时　　**B** 他们经济危机时

C 他们交往密切时　　**D** 租车给的钱多时

100. 下面哪项最适合做本文题目？

A “我”的修车史　　**B** “我”的大学同学

C “我”与小灰的故事　　**D** 父母对“我”的态度

阅读专项训练（十二）参考答案

第一部分

51. D	52. C	53. A	54. B	55. B
56. A	57. A	58. B	59. A	60. A

第二部分

61. A	62. C	63. D	64. D	65. D
66. B	67. C	68. A	69. A	70. B

第三部分

71. D	72. A	73. C	74. B	75. E
76. C	77. B	78. D	79. E	80. A

第四部分

81. D	82. D	83. B	84. A	85. B
86. C	87. B	88. A	89. D	90. A
91. B	92. C	93. B	94. D	95. B
96. A	97. B	98. D	99. D	100. C

阅读专项训练（十二）答案详解

第一部分

51. D 项中句尾的“了”应去掉。这里没有表示事态出现了变化，也没有即将出现的变化，只是叙述一个实际情况，这样就不需要用助词“了”。
52. C 项中搭配有错误，应在“把自己关在屋子”的后面加“里”。
53. A 项中的“……真是非常美极了”搭配有错误，“非常”和“极了”只能保留一个，考虑到音节关系，最好保留“极了”。
54. B 项中的“拿一点儿主张不出来”应改为“拿不出一点儿主张来”。
55. 根据句意，B 项应该用“被”字句，而不能用“把”字句。
56. A 项中的“忽然”是副词，此处应该用个形容词，可改成“突然”。
57. A 项中的“发怒起来”，应改为“发起怒来”。
58. B 项中的“……把实际情况都还没有了解清楚”应改成“……还没有把实际情况了解清楚”。副词“还”和否定副词“没有”要放在“把”的前面。或者将“把”换成“连”，使句子变为“连字句”。
59. A 项中的关联词语搭配有误。正确的格式是 “因为……所以……”、“虽然……却……”。根据句意，本句应该用“虽然……却……”。
60. A 项中“不但”的位置放错了。用“不但(不仅)……而且……”关联的句子，如果两个分句的主语相同，“不但(不仅)”应放在主语之后；如果主语不同，“不但(不仅)”应放在主语之前。这里前一分句的主语是“教学条件”，后一分句的主语是“教学秩序”，主语不同，“不但”应放在“教学条件”之前。

第二部分

61. 先来看看第一个空的四个备选词的含义和用法：“同时”是连词，用来连接两个小句，表示并列关系，如：“她是我们的老师，同时也是我们的朋友。”“并且”是连词，连接动词、动词性短语或小句，如：“这种植物我们家乡也有，并且还很多。”“更加”是副词，表示在程度上又深了一层，如：“来中国以后，我更加感到当时选择汉语作为自己的专业是正确的。”“但是”是连词，用在后一个小句，连接两个小句，表示转折关系，如：“虽然学习汉语的困难很多，但是我不怕。”由此可见，第一个空只能填入“同时”，因为本题前后两个小句属于并列关系。所以 A 项是正确答案。
62. 从第一个空来看，能填入“从”、“自”，因为它们都能跟“雍正元年起”搭配，而 A 项中的“经”和 D 项中的“在”则不能与“雍正元年起”搭配，应排除掉；再看第二个空，应填入“造就”，因为“造就”能跟“精神”搭配，“造成”的宾语多是不好的结果。所以 C 项是正确答案。

63. 从第一个空来看，能填入“使用”、“采用”，而排除掉 B 项中的“巡视”和 C 项中的“检查”；再看第二个空，应填入“不宜”，因为它能搭配成“体积不宜太大”，“未免”可以搭配，但不合句意，应排除。所以 D 项是正确答案。

64. 先来看看第一个空的四个备选词的含义：“列举” 的意思是一个一个地指出来；“并排”的意思是排列在一条线上，不分前后；“并肩”的意思是肩挨着肩，或者比喻行动一致，共同努力。这三个词的意思和本题的题意都不符。而“并列”的意思是并排平列，不分主次。所以 D 项是正确答案。

65. 第一个空的四个备选词是有区别的：“日前”是指几天前；“当时”是指过去发生某件事的时候；“立马”是“立即、马上”的意思；“如今”指现在，不过常常指较长的一段时间。由此可见，最适合填入的是“如今”。所以 D 项是正确答案。

66. 先来看第一个空的四个备选词的含义和用法：“普通”是平常或一般的意思，如：“树文虽然很有钱，但至今仍骑着一辆普通的自行车。”“普遍”是存在的面很广泛或具有共同性的意思，如：“目前本市居民普遍的看法是今年的物价不会涨得太多。”“确实”可做形容词，意思是真实可靠，如：“这是一个确实的消息。”“广大”是指面积、范围大或人数众多，如：“广大读者都希望尽快看到这本书。”由此可见，最适合填入的是“普遍”。所以 B 项是正确答案。

67. 从第一个空来看，需要填入一个既能跟“比”字句搭配，又能表示出程度上又深了一层的词，能满足这一要求的词只有 C 项中的“更加”。所以 C 项是正确答案。

68. 从第一个空来看，四个备选词都能填入。再看第二个空，“利用”和“使用”都能填入，而“搭配”和“实用”不能填入，应排除 C 项和 D 项。最后看第三个空，“抵御”能填入，因为“抵御”的对象除了敌方的进攻外，还可以扩大到与自然界的斗争，如疾病的侵袭、细菌的传染等；“反抗”一般发生在人与人之间，对象常指压迫。这里“反抗”不能跟“侵害”搭配，应排除 B 项。所以 A 项是正确答案。

69. 从第一个空来看，“愈发”、“愈加”都能填入，而 B 项中的“自然”和 D 项中的“简直”应排除。再看第二个空，“引人注目”用来形容人或事物不一般，对人有吸引力，填在这里是合适的；“任重道远”比喻责任重大，需要长期奋斗，用在这里是不合适的，因此应排除 C 项。所以 A 项是正确答案。

70. 从第一个空来看，“严格”、“紧张”和“劳累”都能填入，B 项中的“严厉”应排除；再看第二个空，“强烈”和“好强”能填入，而 D 项中的“自满”不合适，应排除；再看第三个空，“精神”和“作风”都能填入；最后看第四个空，“一身”能跟“本领”搭配，而“一嘴”在这里跟“本领”不搭配。所以 B 项是正确答案。